W0070242

Schweiggert
Wunderwesen

Stöppel-Kaleidoskop 502

Alfons Schweiggert

Wunderwesen
zwischen Spessart und Karwendel
in Brauchtum, Sage, Märchen

STÖPPEL

CIP-Titelaufnahme der Deutschen Bibliothek

Schweiggert, Alfons:
Wunderwesen: zwischen Spessart u. Karwendel – in Brauchtum, Sage,
Märchen/Alfons Schweiggert. –Weilheim: Stöppel, 1988
   (Stöppel-Kaleidoskop; 502: Reihe: Kultur, Ethik)
   ISBN 3-89306-502-4
NE: GT

© 1988 Stöppel-Verlag, D-8120 Weilheim

Lektorat: Marianne Faiss-Heilmannseder, München
Gesamtherstellung: Volker Linn, Bad Tölz
Fotosatz: Foag, Oberschleißheim
Litho, Druck, Bindung: Fotolito Longo, Frangart/Südtirol

ISBN 3-89306-**302**-4

Inhalt

Vorwort

Wunderwesen sind Wesen, die in ihrem Erscheinungsbild und in ihren Verhaltensweisen derart außerhalb unseres alltäglichen Erfahrungsbereiches liegen, daß sie als unerklärliche Phänomene zum Staunen Anlaß geben, wobei sie uns amüsieren, aber auch erschrecken können.

Sie werden nicht nur in den Köpfen phantasiebegabter Fabulierer geboren, vielmehr lassen sie unerklärliche, sich mehrmals wiederholende Ereignisse, Erscheinungen, Beobachtungen und persönliche Erfahrungen nachhaltig zur erlebten Wirklichkeit werden.

Die Berichte und Erzählungen über sie fanden früher häufig mittels mündlicher Überlieferung in Sagen, Märchen und Legenden ihren Niederschlag, heute geschieht dies auch in Zeitungsartikeln oder in launigen Rundfunk und Fernsehberichten.

Die Wunderwesen entstammen nicht nur der irdischen Menschen-, Pflanzen-, Tier- und Mineralienwelt, auch das über- und unterirdische Geister- und Gespensterreich steht mit seinen eindrucksvollen Vertretern in nichts nach.

In Bayern existieren eine ganze Reihe von weithin berühmten Wunderwesen. Einige von ihnen sollen, wie man sich zuraunt, durchaus noch äußerst aktiv sein. Andere werden im jährlichen Brauchtum respektvoll gepflegt und verehrt. Wieder andere haben seit Jahrzehnten Ruhe gegeben, und eine letzte Gruppe scheint sich aus dem modernen Alltagsgeschehen, ohne daß man die näheren Gründe dafür weiß, völlig zurückgezogen zu haben. Es scheint sie auch nicht zu bekümmern, daß dadurch der Stern ihres Ruhmes langsam zu verblassen droht.

Dieses Buch stellt nicht nur die „Stars" der bayerischen Wunderwesen-Welt vor, auch weniger bekannte, aber ebenfalls hochinteressante und sogar Außenseiter, die nur in der jeweiligen Region, dort aber bisweilen noch recht lebhaft, im Gespräch sind, wurden in den Reigen mit aufgenommen.

Sämtliche sieben bayerischen Regierungsbezirke sind berücksichtigt. Ober- und Niederbayern, Oberpfalz, Ober-, Mittel- und Unterfranken und nicht zuletzt Schwaben. Sie alle haben zweifellos bemerkenswerte Vertreter aus der Wunderwesenwelt vorzuzeigen.

Vielleicht reizen die vorliegenden Ausführungen den einen oder anderen Leser, selbst in seiner Umgebung nach – womöglich sogar noch unentdeckten oder wieder auflebenden – Wunderwesen Ausschau zu halten.

Wenn es gelingt, alle jene, die sich für bayerisches Brauchtum und bayerische Kultur interessieren, mit der Sammlung von einheimischen Wunderwesen für dieses liebenswerte, das bayerische Wesen charakterisierende Gebiet zu sensibilisieren, ist der Zweck dieses Buches erfüllt.

Alfons Schweiggert

Der Wolpertinger

Er ist zweifellos Bayerns berühmtestes Wunderwesen und als solches Bayerns heimliches Wappentier. Der Wolpertinger setzt sich aus mehreren Lebewesen der heimischen Wildbahn zusammen: aus Hase, Rehbock, Wildsau, Marder, Hermelin, Dachs, Ente, Fuchs, Fasan, Karpfen, Hecht, Gams, Eichelhäher, Krähe, Eichhörnchen (Oachkatzl), Biber, Huhn, Wildkatze und aus manch anderem, das sonst noch in Bayerns reicher Natur kreucht und fleucht.

Seinen Namen soll der Wolpertinger nach Herzog Wolper I. (83–115 n. Chr.) erhalten haben, dem Vater des ältesten bayerischen Herrschergeschlechts der Wolpertinger (83–533 n. Chr.).

Der Urwolpertinger kam aus einem „Gschpusi" zwischen einem Rehbock und einem Hasen zustande. Es entstand der gehörnte Hase. Später nahmen auch zwischen den übrigen bayerischen Tieren die Vermischungstendenzen zu.

Lateinisch heißt der Wolpertinger „crisensus crisensus" oder auch „crisensus bavaricus". Als „crisensus superbavaricus" ist er der oberbayerische Wolpertinger, als „crisensus subbavaricus" ein niederbayerischer. Außerdem nennt man ihn auch noch Kreißl oder Kreis. Dieser Name kommt von seinem kürzeren rechten Hinterlauf – seltener ist auch der linke kürzer –, wodurch er sich nur in mehr oder weniger großen Kreisen fortbewegen kann.

Der Wolpertinger ist nicht nur ein Wunderwesen. Etliche körperliche Bestandteile von ihm besitzen Wunderkraft. So ist sein Bauchfett ein urbayerisches Kraftmittel.

Es wurde im 16. Jahrhundert von Prof. Dr. Orcasmus Aphrosidiacum entdeckt. Dem, der es genießt, verleiht es (Mannes-)Kraft, ist aber auch gegen jede andere Art von Schwäche und Kraftlosigkeit mit Erfolg einsetzbar.

Der Wolpertingerspeichel ist hingegen ein erprobtes Haar- und Bartwuchsmittel, das jede Mauser sofort stoppt. Deshalb haben übrigens in Bayern Männer wie Frauen so viele schöne Haare überall am Körper und im Gesicht.

Der Wolpertinger besitzt zwei Duftwarzen, die einen gemein stinkenden Odel enthalten. Ihn spritzt er zur Abwehr auf mögliche Angreifer. Dies weist den Wolpertinger als Verwandten ersten Grades des gemeinen Saubärn (ursus porcus) aus. Der Odel bewirkt, daß die getroffenen Kleider und Hautstellen sieben Jahre wie die Pest stinken.

Das Lieblingsfressen des Wolpertinger besteht aus norddeutschen Rund- und Weichschädeln und aus frischen Gemseneiern.

Besondere Aversionen hat er gegen Republikaner, Kölsch und Reisegesellschaften, die aus dem Norden regelmäßig den Weißwurstäquator zu überschreiten pflegen. Aufgeregte Wolpertinger können nur durch den Spruch: „Kreis, Kreißl, Kreis, mach jetz bloß koan Scheiß!" beruhigt werden. Auch das Lied „Gott mit Dir, Du Land der Bayern" und das besänftigende Schwenken einer weißblauen Bayernfahne wirken beruhigend.

Obwohl es in Bayern nur mehr äußerst wenige Wolpertinger gibt – man spricht von 56 Exemplaren – und er deshalb vom Aussterben bedroht ist, gehört die Teilnahme an einer Wolpertingerjagd zu den begehrtesten Erlebnissen eines jeden Bayern.

Voraussetzung dafür ist der Besitz eines gültigen Wolpertinger-Jagdscheins. Die Jagd ist nur nachts bei Vollmond und lediglich 14 bis 16 Tage vor dem nächsten Gewitter erlaubt. Der Besitz eines Gewitterkalenders ist für den Jäger daher unerläßlich.

Wurden früher als Fanggeräte Schlingen aus Holz und sogenannte „Gnackschnapper", die einem Holzstiefelzieher recht ähnlich sahen, verwendet und in denen sich die Wolpertinger selten rettungslos verfingen, so nimmt man von diesen veralteten Methoden heute Abstand.

Eine Wolpertingerjagd gliedert sich derzeit in vier Teile: 1. die Einleitung 2. der Hauptteil 3. der Höhepunkt und 4. der Schluß.

Einleitend versuchen Treiber, mit lärmenden Gegenständen den Wolpertinger aufzustöbern und aufzuschrekken, wobei sie sich in immer weiter werdenden Kreisen diskret zurückziehen, um dem wartenden Jäger eine ungestörte Begegnung mit dem Wolpertinger zu ermöglichen.

Im Hauptteil entzündet der Jäger eine Kerze aus Bienenwachs, die er vor einen Kartoffelsack stellt, der durch einen Stecken offengehalten wird. Vom Geruch des Bienenwachses angelockt und angezogen vom Duft der vormals im Sack aufbewahrten alten Kartoffeln, der unaufhaltsam entströmt, nähert sich der Wolpertinger diesem. Ist er beim Sack angelangt, wird er vom Jäger mit der doppelbeuligen Fangkeule behutsam betäubt und mit dem mitgeführten Fangspaten rasch in den Sack geschoben, der sofort zugebunden wird.

Sollte der Jäger trotz aller Vorsichtsmaßnahmen von einem Wolpertinger gebissen werden, der bekanntlich über einen Giftzahn verfügt, lindern nur Buttermilch und Sauerkraut die Vergiftungs- und Schmerzerscheinungen. Gemeinsam genossen, führen diese beiden in allen bayerischen Haushalten stets vorrätigen Mittel die Gifte aus dem Jägerkörper explosionsartig ab.

Es gehört zum guten Ton, daß erfolglose Jäger alle Treiber und die vielen anderen Helfer und Ratgeber in einem Wirtshaus über mehrere Runden freihalten, in denen die enttäuschten Freunde ihre Depressionen „abischwoam", das heißt hinunterspülen können.

Gefangene Wolpertinger überleben ihre Trauer in bezug auf ihre Freiheitsberaubung meist nur wenige Tage, bevor sie dann zu Leblosigkeit erstarren. Die fälschlicherweise oft als präparierte oder ausgestopfte Wolpertinger bezeichneten Jagdtrophäen sind also in Wahrheit im Gram erstarrte Wolpertinger. Sie dienen forthin als begehrte Schutzgeister für das bayerische Heim und Haus und zum „Preißndratzn", daß heißt zur seelischen Erschütterung der Norddeutschen.

Da über den Wolpertinger oft haarsträubende Geschichten im Umlauf sind, sollen hier einige besonders erschreckende Fehlinformationen korrigiert werden:

So besteht zum Beispiel große Unklarheit über die Ranzzeit des Wolpertinger. Sie beginnt zaghaft nach Weihnachten zwischen Fasching und Aschermittwoch und erreicht ihren ersten Höhepunkt mit einer intensiv andauernden Ranzerei zwischen der Starkbierzeit, dem ersten April und dem Maibock, nach dem sie ein wenig aufhört.

Auch über die Frage, ob Wolpertinger-Eier ehelich oder unehelich sind, besteht große Uneinigkeit. Grundsätzlich sind Wolpertinger lebendgebärend, aber es gibt auch zahlreiche eierlegende Ausnahmen. Diese sind immer unehelich, wenn die beiden an den Eiern Beteiligten vorher nicht geheiratet haben. Was das Lege- und Brutgeschäft des Wolpertinger betrifft, so ist seine Legalität schwach, aber seine Brutalität dafür um so stärker ausgeprägt.

Auf die Frage, wieviel Junge ein Wolpertinger-Weibchen wirft und wie weit, erhielt der Ratsuchende jüngst auf dem internationalen Wolpertingerkongreß in Kreuth eindeutige Antwort: „Der Wolpertinger wirft zwei bis drei Junge auf einmal rund einen halben Meter weit."

Wolpertinger sind auch käuflich zu erwerben. Sie kosten zwischen 150.– und 500.– DM. Winzlinge gibt es schon unter 50.– DM. Prachtexemplare kosten bis zu 1000.– DM. Lebende sind unbezahlbar.

Der Wolpertinger ist ein urbayerisches Phänomen, noch vor dem Föhn und gleich hinter König Ludwig II. Er ist unausrottbar in der Psyche der Bayern verwurzelt. Es ist deshalb nicht verwunderlich, daß ihm zu Ehren jährlich am 31. April ein öffentlicher Feiertag eingerichtet wurde. Er findet mit reichlich Glockengeläut, mit Böllerschüssen, viel Essen, noch mehr Trinken und schweißtreibendem Tanz statt.

Kasperl Larifari

Dieser Urmünchner Gaudibursch wurde 1858 von dem nach ihm benannten „Kasperlgrafen" Franz von Pocci ersonnen und durch den Theatermann Papa Schmid als Marionette im Kasperltheater zum Leben erweckt.

Nach Sigi Sommer sieht „das fleckerlgewandete Erzbazi-Bürscherl wie eine Mischung aus einem bedudelten Scherenschleifer und einem Michael Kohlhaas aus, . . . das weder Ritter, Tod noch Teufel fürchtet, sondern zum geisterbleichen Sensenmann einfach sagt: ‚Wer bist du? Da Dod, da Menschenfresser? Friß doch Bratwürschtl, die schmegga bessa!'" Der Kasperl Larifari ist ein Hallodri, ein Spaßmacher, wechselweise weichherzig und ahnungslos grausam. Er will unentwegt helfen, wobei er meist mehr schadet als nützt.

Er fühlt sich in allen Berufen gleich wohl, ohne auch nur einem recht gewachsen zu sein. So ist er bald Torwächter auf einer Burg, Kunstmaler, Sprechstundenhelfer beim Arzt, bald fürstlicher Stallmeister, Schneidergeselle, Bauernknecht, Schuhmachermeister und Bergknappe. Als Kasperl fühlt er sich immer zu allem geschaffen, bloß nicht zum Arbeiten. Er ist „Privatier, Rentier, Bankier oder so was G'scheids" und bekannt „wie's schlechte Geld".

Der Unsinnskobold hat verteufelten Spaß an Sprachspielereien, als wäre er ein Vorfahre Karl Valentins. Er will nicht „das Weitere hören", sondern „das Engere". Ein Minister ist für ihn ein „Vielfrißter" oder ein „Vielvergißter". Wenn das ganze Dorf in den Wald hinauseilt, will der Kasperl wissen, ob auch die Häuser mitgehen. Oder er sucht einen guten Rat, den er irgendwo verlegt hat.

Noch heute geistert der Kasperl Larifari in den Köpfen all jener herum, die ihn in ihrer Kindheit erleben durften und dabei lieben lernten. Mit zunehmendem Alter seiner Verehrer bleibt er meistens nicht ganz so harmlos, wie ihn Pocci der kleinen Zuschauer wegen ersonnen hat, sondern er nimmt die Rohheit und die Lust zur Gewalt des Dult-Kasperls in seinen Charakter mit hinein, der bekanntlich immer schon ein gutes Stück derber und boshafter war.

Wie makaber er dabei werden kann, zeigt folgende Szene, in welcher der Kasperl in einem Altersheim den betagten Zuschauern zuruft: „Seid's alle da?" Worauf die Senioren mit kindlich strahlenden Augen antworten: „Ja!" Darauf der Kasperl grinsend: „Aber nimmer lang!"

Um später derart rohe Einfälle verkraften zu können, darauf müssen die Kinder erst langsam vorbereitet werden, indem sie dem Kasperl Larifari möglichst oft im Marionettentheater an der Blumenstraße in München leibhaftig begegnen, wo er längst seine eigene unkündbare Stadtwohnung hat.

Der Goggolori

Als scherzhafte Bezeichnung wurde Goggolori, auch Gugaleri oder Gogilori, im Voralpenland schon in alten Zeiten für einen Menschen verwendet, der ein unzuverlässiges, sprunghaftes Wesen besaß, unberechenbar reagierte, aber sonst durchaus gutartig, nicht selten sogar lustig und humorvoll war und daher auch gerne einen Schabernack verübte. Diese Charakteristik trifft auch auf den Goggolori zu, der zu den bekanntesten bayerischen Wunderwesen zählt und zwischen Ammersee und Lech sein Reich hat.

Der quirlige Kerl ist ein kleiner Kobold, der sich in verschiedene Gestalten verwandeln kann, so zum Beispiel in einen Igel, in eine Schlange oder in einen Raben. Er spukt in der waldreichen, hochmoorigen Gegend am Ammersee entlang herum und versteht über Vögel und kleine Tiere eine unbezwingbare Macht auszuüben. Gerne treibt er dabei mit Mensch und Tier seinen Schabernack.

Der etwa schuhgroße Waldschratt mit seinen spindeldürren Wurzelarmen und -beinen hat einen uralten, apfelgroßen Kopf mit einem zerstrubbelten, ausgedünnten weißen Bart.

Vor langer Zeit schloß er einmal, so erzählt man sich über ihn, mit zwei bettelarmen Webersleuten, die am Ammersee wohnten, einen eigenartigen Pakt. Der Goggolori versprach ihnen großen Reichtum, wenn er von allem, was ihnen zufiele, das erste bekäme. Die beiden stimmten erfreut zu und lebten darauf in Saus und Braus. Sie gaben dem Waldschratt tatsächlich zum Beispiel die erste Kuh, das erste Huhn oder den ersten Sack Getreide.

Aber als das erste Kind, das Mädchen Zeipoth, zur Welt kam, wollten die Eltern in ihrer Angst den Pakt brechen. Die Mutter bestach die Ullerin, eine Dorfhexe, den Kobold zu fangen und umzubringen. Doch der schlaue Hutzelmann führte sie an der Nase herum, hetzte Mäuse, Wespen, Hummeln und Hornissen auf die Alte und trieb sie schließlich in den Sumpf.

Außerdem konnte der Winzling überhaupt nicht sterben, es sei denn, ein Mensch würde ihm aus Liebe den eigenen Tod schenken.

Als das Mädchen Zeipoth herangewachsen war, verliebte es sich gegen den Willen der inzwischen stolzen Eltern in den armen Köhler Aberwin. Ein Einsiedler, der den beiden zu ihrem Glück verhelfen wollte, scheiterte, da der Krieg ausbrach und die Pest den Menschen Leid und Tod brachte.

Zeipoth hatte inzwischen den Goggolori kennengelernt, und mit der Zeit faßte sie Zuneigung und Liebe zu dem eigentümlichen Waldschratt. Aus Mitleid schenkte sie ihm schließlich ihren eigenen Tod. Jetzt war der Goggolori endlich in der Lage zu sterben, Zeipoth jedoch wurde unsterblich.

Als ihr geliebter Aberwin kurz darauf von den Schweden grausam getötet wurde, verschwand Zeipoth in Begleitung des Goggolori, in überirdisches Licht getaucht, mit dem Leichnam des Bräutigams auf den Armen im Burgberg bei Finning am Ammersee.

Seither sieht mancher, der in die Nähe dieses Ortes gerät, die unsterbliche Zeipoth, inzwischen uralt geworden, wie sie am Webstuhl sitzt und aus Sonnenlicht und Morgentau am Kronschleier der Mutter Gottes webt. Dies ist aber der Nachthimmel, der nie vollendet werden kann, solange die Welt besteht.

Der Goggolori erscheint noch manchmal in dieser Gegend Kindern. So soll er Buben, die Vogelnester ausnehmen wollen, daran hindern, indem er ihnen Schmutz und Tannennadeln in die Augen wirft.

Außerdem erzählt man, daß er sich alle 100 Jahre einmal am Ammersee für sieben Nächte herumtreiben soll. Wer ihm in dieser Zeit begegnet, dem würde ewiges Leben zuteil werden.

Die Badersee-Nixe

Am Fuße der Zugspitze, bei Grainau, liegt am Grunde des Badersees eine leibhaftige Nixe, die nur für Unkundige wegen ihrer starren Haltung aus Erz zu sein scheint.

Blickt man aus einem Boot in das kristallklare Wasser, sieht man, wie einem die blonde Schönheit unheimlich zuwinkt. Die einen sehen dies als eine Einladungsgeste an, die besagt: „Komm zu mir in die Tiefe herab!" Sicherer ist es, ihren Wink als Warnung zu verstehen: „Bleib oben und begib dich nicht in meinen unheilvollen Zauberbann!"

Die Badersee-Nixe mag manchen an die Loreley auf dem Rheinfelsen erinnern. Was sie aus luftiger Höhe manchem Fischer schon angetan haben mag, könnte die Badersee-Nixe durchaus aus der Tiefe des Wassers ebenso bewerkstelligen. Zudem weist dieser Vergleich darauf hin, daß manches, was bei Nichtbayern äußerst oberflächlich ist, in Bayern stets in die Tiefe zu gehen pflegt.

Die Haberngoaß

Noch heute werden, besonders in den Ostalpen, manche furchterregende Geschichten über die Haberngoaß weitererzählt.

Sie ist ein in den Bergen beheimateter, zweigeschlechtlicher Gespenstervogel mit Vampirzähnen, genauer gesagt, eine überdimensionale, geflügelte Berggeiß. Aber das wäre noch relativ harmlos. Sie besitzt nämlich einen angsteinflößenden, zottigen Körper und den gehörnten, pferdegroßen, wuchtigen Schädel einer Ziege mit rotglühenden, funkensprühenden und wildrollenden Glupschaugen. Die Spannweite ihrer schwarzgefiederten Flügel ist größer als die eines gewaltigen Riesenvogels.

Wenn sie zum Geisterflug durch die Alpen startet, spreizt sie ihre dolchspitzen gelben Krallenfüße, mit denen sie die Beute packen will, die sie mit ihrem scharfen Adlerblick des Nachts erspäht. Dabei stößt sie ein unheimliches, häßliches Geschrei aus, das sich aus einem grellen Juchzen, höllischem Geheule und Gekrächze und aus einem peitschenscharfen Schnalzen zusammengesetzt und Laute enthält wie: „Wuiui-gagaga-krahkrah-wiwiwi-uruhruh …"

Wer sich dabei nicht die Ohren zuhält und am besten gleich in den hintersten Winkel eines schützenden Hauses verkriecht, der kann taub werden und dem ewigen Wahnsinn verfallen.

Angelockt wird dieser Monstervogel besonders von lärmenden Festen, denn dröhnende Musik und stampfende Tänze haßt er wie die Pest. Jemand anderer als er darf es nämlich nicht wagen, Krach zu machen.

Außer sich vor Raserei rüttelt er an den Türen solcher Häuser, aus denen dieser Lärm nach draußen dringt. Er zwängt geistergleich seinen Bocksschädel durchs Schlüsselloch und erfüllt schon bald das ganze Haus mit seinem Grauen. Nachts poltert er rastlos durch alle Zimmer, schnaubt wütend und hockt sich mit Vorliebe berauschten Schläfern auf die ohnehin beengte Brust, so daß diese durch das entsetzliche Gewicht die gräßlichsten Alpträume zu durchleiden haben.

Wer nicht in dem Haus übernachtet und sich noch zu später Stunde auf den Heimweg macht, wird mit Sicherheit von der Haberngoaß kreischend verfolgt. Wie ein brausender Sturmwind fegt sie daher und zersaust im harmlosesten Fall dem müden Zecher gehörig Haare und Kleider.

Doch können die Attacken der Haberngoaß auch zum Tode führen, wenn der Angegriffene aus Wut oder Übermut das leicht reizbare Wunderwesen beschimpft und beleidigt.

Jetzt geht das Untier zum Angriff über, und es findet unweigerlich die Spur des Unglücklichen. Schon mancher hat über sich mit einem Mal ein Rauschen gehört. Da half es dann auch nicht mehr, sich verzweifelt auf den Boden zu werfen. Von den Monsterkrallen im Genick gepackt, wurde der vorlaute Spötter blitzschnell hoch in die Luft hinaufgetragen.

Einer wurde einmal im Rofangebirge von einer Haberngoaß mit schaurig grinsender Visage über den Astenberg bis hoch auf die Martelspitze entführt und dort von dem teuflischen Gespenst an einen Felsüberhang am Schlawittchen aufgehängt. Die hier 100 Meter steil aufragenden Felswände waren so unzugänglich, daß man dem Armen nicht zu Hilfe eilen konnte, obwohl man ihn erbärmlich schreien hörte und ihn in seiner Todesangst winken und zappeln sah. Wenige Tage später war der Bursche vor Angst, Erschöpfung, Hunger und Durst gestorben. Als sein bereits in Verwesung übergegangener Leichnam schließlich von einem Sturm in die Tiefe gefegt wurde, hörte man in der Nacht über dem Abgrund ein schrilles, häßliches Gekreische, das wie das Lachen Luzifers klang.

Die Bewohner dieser Gegend errichteten dem Opfer einige Zeit darauf ein Marterl, auf dem geschrieben stand:

> *Die Haberngoaß hat den gekriegt,*
> *der tot in dieser Schlucht hier liegt.*
> *Er hat's gewagt und sie verlacht,*
> *da hat sie ihm den Tod gebracht.*
> *Dir geht es auch so schlecht, wer woaß,*
> *verlachst du eine Haberngoaß.*

Die Haberngoaß ist tatsächlich ein so schrecklicher Dämon, daß man ihre geschnitzte Maske sogar stets erfolgreich zum Winteraustreiben bei Umzügen verwendet.

Der Drache von Murnau

Drachen sind in Bayern gut bekannt, wie das alljährlich im August stattfindende Festspiel des Drachenstichs von Furth im Wald beweist.

Weniger bekannt ist der Drache von Murnau, der in alter Zeit diesen Marktflecken heimgesucht haben soll und dort die Bewohner und das Vieh ständig mit dem Tod bedrohte. Als schwerfälliger Lindwurm mit Flügeln und dolchspitzen Krallen brach er über das Land herein und spuckte bei seinem Erscheinen Feuer und Rauch. Mit seinem Todesatem hätte er Murnau und die Umgebung in Flammen und Rauch aufgehen lassen können.

Doch zum Glück wurden ihm regelmäßig fette Schafe, Ochsen und Schweine zum Fraß vorgeworfen und, sofern diese nicht vorrätig waren, auch Menschen, am liebsten schöne, zarte Jungfrauen.

Murnau wurde zu dieser Zeit zudem von einem üblen Raubritter bedroht, der die ganze Gegend unsicher machte, sich aber dabei wohl von dem Drachen belästigt gefühlt haben muß. Wie wäre es sonst zu erklären, daß eben dieser Schnapphahn sich entschloß, dem Drachen den Garaus zu machen.

Dabei ging er recht raffiniert vor. Er füllte die Haut eines Kalbes mit ungelöschtem Kalk und legte diesen Köder für das Ungeheuer aus. Der Drache erschien und verschlang in seiner Freßgier mit einem Schnapp den tödlichen Braten. Kurz darauf begann der Kalk, ihm die Eingeweide zu zerfressen, und das Monster wand sich in seinem Schmerz und peitschte brüllend vor Wut mit dem Schwanz um sich. Schließlich brach es sterbend zusammen und verendete. Murnau war gerettet und verdankte dies einem Wegelagerer.

Noch vor einiger Zeit stand an der Stelle, wo der Drache zugrunde gegangen war, eine steinerne Säule mit einer eingemeißelten Inschrift, die aber nicht mehr zu entziffern war.

Wie Einheimische erzählen, soll Murnau früher Wurmau geheißen haben, und noch heute ist im Stadtwappen deshalb ein Drache abgebildet.

Vielleicht entscheidet sich auch Murnau demnächst, so wie Furth im Wald, ein Festspiel zur Erinnerung an seinen Drachen aufzuführen, der von einem Raubritter getötet wurde.

Der Penzberger Oide Mo

Zu der Zeit, als bei Penzberg noch ein Bergwerk in Betrieb war, soll ein Berggeist, genannt der Oide Mo, den Kumpeln wichtige Hinweise bei ihrer gefährlichen Arbeit unter Tage signalisiert haben.

Dies ging in drei Schritten vor sich. Zuerst trat er als der „Klopfer" in Erscheinung, der durch Geräusche erste Warnsignale gab, wenn ein Stolleneinsturz drohte. Als „Stinker" machte er sich anschließend durch den Geruch von Giftgasen im Flötz bemerkbar. Jetzt hieß es, möglichst schnell den Gefahrenbereich zu lüften und den Stollen zu verlassen. Als „Blaser" signalisierte er schließlich

höchste Gefahrenstufe. Er blies die Lampen der Arbeiter aus. Sie erloschen, da der Sauerstoff rapide abnahm.

Obwohl der Oide Mo als „Klopfer", „Stinker" und als „Blaser" die Bergleute zuverlässig gewarnt haben soll, kam es dennoch zu manchem Grubenunglück. Dabei wurde die jeweils betroffene Familie des Kumpels in große materielle Not gestürzt. Deshalb machten sich junge Männer in den Rauhnächten zwischen Weihnachten und Heilig Drei König auf den Weg, um bei den Penzberger Bürgern um finanzielle Unterstützung für die mittellosen Angehörigen verunglückter Kumpel zu bitten.

Zu diesem Anlaß schwärzten sich rund 50 Burschen die Gesichter mit Ruß oder setzten furchterregende, handgefertigte Holz- und Stoffmasken auf. Damit wollten sie sich zum einen unkenntlich machen, um ihre Hilfsbereitschaft nicht an die große Glocke zu hängen, zum anderen unterstützten die Schreckensmasken massiv ihre Bitten um Geldspenden.

Abends begannen sie den sogenannten „Beaschdnlauf" durch Penzberg. Beim „Beaschdln" oder „Klopfngehn" zogen sie von Tür zu Tür, sammelten die milden Gaben ein und trafen sich zum Abschluß auf dem Rathausplatz, um mit lautem Gelärme und mit wüsten Tänzen „die bösen Geister aus der Stadt zu jagen, damit das Gute Platz finden möge".

Das Penzberger Bergwerk wurde 1966 geschlossen, aber den „Beaschdnlauf" halten die Burschen noch heute ab, denn Böses existiert auch außerhalb der Stollen überall, und nicht nur in Penzberg. Der Oide Mo hätte heute mehr denn je Grund, die Leute vor Gefahren zu warnen, die oft weitaus größer sind als die einstigen unter Tage.

Der Riesenwaller im Walchensee

Seit Urzeiten haust in den bayerischen Alpen, unweit von Kochel, im bekannten Walchen- oder Wallersee der wohl größte bayerische Fisch. Es ist ein Riesenwaller und sozusagen die bayerische Variante des Ungeheuers von Loch Ness. Es soll ein Monster mit einem Riesenleib sein, das mit seinen radgroßen feurigen Augen die Dunkelheit in der Tiefe des Wassers durchdringt.

Schon ein normaler Waller gilt als der „bayerische Wal". Er kann bis zu drei Metern lang und über fünf Zentner schwer werden. Wird so ein Seeschratt gefischt, berichten alle hiesigen Zeitungen davon. Er liegt tagsüber in den düstersten, tiefsten Stellen von Seen und steigt angeblich nur bei Gewittern und nachts zur Oberfläche auf.

Der Tierkundler Konrad Geßner schreibt über ihn: „Ob der Gestalt des Tieres ist wohl anzunehmen seine tyrannische, grimmige und gefräßige Art. Also daß zu Zeiten in eines Magen ein Menschenkopf und die rechte Hand mit zwei goldenen Ringen sind gefunden worden, denn sie fressen allerlei, das sie bekommen mögen, Gänse, Enten, verschonen auch das Vieh nicht, so man es zur Weide, zum Bade oder zur Tränke führt, also daß sie auch zu Zeiten die Pferde zu Grunde ziehen und ersäufen, verschont den Menschen gar nicht, wo er ihn kriegen mag."

Tatsächlich fressen Waller alles: Ratten, Krebse, Fische, Nattern, Frösche sowie Aas und Wassergeflügel. Wird ein Waller geangelt, zieht er oft das ganze Boot samt dem Fischer hinter sich her über den See – und das angeblich stundenlang. Manche Fischer glauben, daß jemand, der einen Wels gefangen hat, sterben müsse.

Diese Geschichten kursieren über den ganz „normalen" Waller. Was aber muß dann erst jener unheimliche Riesenwaller vom Walchensee für ein Ungeheuer sein?!

Leibhaftig gesehen hat ihn bisher nur ein besonders schneidiger Bayer, der sich vor Zeiten von seinen Freunden in eine Ochsenhaut einnähen und in die Tiefe des Sees abseilen ließ. Plötzlich tauchte vor ihm mit weit aufgerissenem Rachen der Riesenwaller auf. Er sah aus wie ein ertrunkener Baumstamm mit verfilzten Augen und trüb herabhängenden Bartfäden.

Da der Bursche rechtzeitig das für Notfälle vereinbarte Glockenzeichen gab, konnte er gerade noch nach oben gehievt werden. Doch die Neugier trieb ihn ein zweites Mal ins schwarze Wasser. Da hörte man eine grollende Stimme aus der unergründlichen Tiefe: „Suachst du mi, na schluck i di!" Es gab einen gewaltigen Ruck am Seil, und der tollkühne Forscher ward nie mehr gesehen.

Der Riesenwaller soll mit seinem gewaltigen Leib das Innere des Kesselberges zusammenhalten und sich zu diesem Zweck in seinen eigenen Schwanz beißen. Sollte dieser Ringschluß einmal reißen, so heißt es, dann würde das Felsenbett auseinandersprengen und der Walchensee zerbersten. Das wäre eine Katastrophe, denn der See soll mit dem Weltmeer in Verbindung stehen. Das glaubt man, seit er im Jahre 1855 tobte und brauste, als Lissabon durch ein großes Erdbeben zerstört wurde. Demzufolge würden also endlose Wassermassen Bayerns Hauptstadt München und das gesamte Land ringsumher überfluten und völlig vernichten.

Damit ein solches Unglück nicht passiert, wurde früher in der Münchner Gruftkirche in der ehemaligen Gruftgasse täglich eine heilige Messe gelesen. Außerdem warf man alle Jahre einen goldenen geweihten Ring in die Fluten des Wallersees, um den Riesenfisch bei Laune zu halten. – Es bleibt nur die Hoffnung, daß er seine Umklammerung auch in Zukunft nicht lockert und Bayern weiterhin vor den wilden Wassermassen verschont bleibt.

Kasermandl und Kaserweibl

Sie bevölkern als hilfreiche Berggeister noch heute das Berchtesgadener Land. So hausen sie üblicherweise im Untersberg.

Im Sommer helfen sie den Sennerinnen, die ihnen in freundlicher Gesinnung etwas zu essen übriglassen, bei der Arbeit.

Im Winter bewachen sie die Almhütten. Wehe, wenn es jemand wagt, in sie einzudringen, sie zu zerstören oder etwas aus ihnen zu entwenden. Solchen Leuten gegenüber verhalten sich die Kasermandl und -weibl nicht gerade zutraulich und lieb. Sie wachsen zu furchteinflößenden Riesen heran und vertreiben die ungebetenen Eindringlinge.

Leuten, die sich vor diesen gütigen Geistern fürchten, sei der Schutzspruch empfohlen:

Alle Kasermandl und Kaserweibl,
bei alle Heiligen, deats ma nix o!
Im Namen des Vaters, des Sohnes und des Geistes,
i bin ohne Böswilln do!

Der Bockreiter

Er, der auch Geißbockreiter oder Durchreiter genannt wird, ist halb ein Naturdämon, halb ein menschliches Wesen, das mit dem Teufel im Bunde steht und deshalb übernatürliche Kräfte besitzt. Bockreiter können männlich oder weiblich sein. Sie sind in ganz Bayern bekannt und zeigen ein recht wunderliches Verhalten.

Ein Bockreiter oder Bilweßschneider treibt sein Unwesen hauptsächlich in folgenden drei Freinächten zur Zeit des Gebetläutens: am Sankt-Veits-Tag, an Sonnwend und am Fest Peter und Paul. Deshalb dauert das Aveläuten an diesen Abenden nur sehr kurz. Bisweilen treibt er auch während der Sonntagsmessen oder der Fronleichnamsprozession sein Unwesen.

Er sitzt dabei auf einem schwarzen Bock, in den sich der Leibhaftige verwandelt hat. Als Ersatz geht auch ein verhextes Steckenpferd. Der Bockreiter hat hinten am linken Fuß ein scharfes Messer angeschnallt, und so reitet er durch die noch unreifen Getreidefelder, wo die schönsten Garben stehen. Er reißt quer durch das Feld von einer Ecke zur anderen eine etwa 50 Zentimeter bis einen Meter breite Schneise, den sogenannten „Durchschnitt". Er heißt anderenorts auch Bock- oder Wegeleschnitt, Bilwez-, Bilmez-, Bilmer- oder Bilgenschnitt. Kurz über dem Boden sind die Ähren dort messerscharf abrasiert. In der Mitte ist häufig ein größerer Fleck zertreten. In der Rittspur sind alle Ähren schneeweiß geworden.

Während die Bilweßschneider auf dem Bock sitzen, sind beide entweder ganz unsichtbar oder es fehlen ihnen die Köpfe. Aus diesem Grund sind auch nie Spuren zu finden. Wer Bock und Reiter sehen will, muß sich einen verrotteten Maulwurfshaufen verkehrt herum auf seinen Kopf drapieren.

Mit seinem Durchritt sichert sich der Bockreiter nicht nur das abgeschnittene Getreide, sondern einen Anspruch auf einen Großteil der Ernte. Oft merkt der Besitzer des Feldes den Schaden erst, wenn er nach dem Dreschen erkennt, daß sein Ertrag unerklärlich gering ausgefallen ist. Der Bockreiter hingegen hat zur gleichen Zeit, ohne selbst geerntet zu haben, seine Scheune voll Getreide, das er sich durch seinen früheren Hexenritt ergaunert hat und das er geldbringend verkaufen kann. Das Feld des Geschädigten aber bringt in den kommenden Jahren zunehmend weniger und schlechtere Erträge.

Es gibt nur ein paar Mittel, sich gegen den Bockreiter zu wehren. Am einfachsten ist es, sich einen Geißbock am Hof zu halten. Wo schon ein Bock ist, wagt er sich nämlich nicht in die Nähe. Man kann aber auch vor der Erntezeit ein Bündel Reisig dreschen. Durch die Dreschgeräusche irritiert, glaubt der Bockreiter, hier sei nichts mehr zu holen. In ganz schlimmen Fällen läßt man einen Geistlichen Hof und Feld mit Gebeten besprechen, wodurch sie für den Bockerer unbetretbar geworden sind.

Abwehrzauber besitzt auch ein Pflug, dessen Wid von Elsenbeerholz gemacht ist, das am Karfreitag vor Sonnenaufgang geschnitten sein muß. Er darf danach nie wieder vom Pflug abgenommen werden.

Zeigen sich nach allen Maßnahmen dennoch Bilwißspuren, so müssen die betroffenen Stoppeln verbrannt, die Asche in fließendes Wasser gestreut und die Stelle reichlich mit Weihwasser besprengt werden.

Ist der Bilwißschaden aber bereits eingetreten, hilft nur noch ein Mittel. Man muß den ersten Wagen mit dem geernteten Getreide verkehrt herum in den Stadel schieben und die erste Garbe vor dem Dreschen mit Dreikönigswasser, -salz und Pfingsttaufwasser segnen, dann ist der Zauberbann für immer gebrochen und ein mehrfacher Ertrag fällt einem selbst zu.

Bockreiter besitzen das geheime und verbotene siebte Buch Mose und haben mit dem Teufel einen Blutkontrakt geschlossen. Diese Schwarzbündler sind untertags auch zu erkennen. Sie fallen durch ihre hohe haarlose Stirn auf, die spitz bis in die Mitte des Kopfes verläuft. Wenn ein Bocksreiter stirbt, holt ihn im Sturmgebraus der Teufel, bricht ihm mehrfach das Genick und wirft ihn oft dazu noch auf einen Misthaufen.

Der Passauer Tölpel

Ihn kann jedermann heute noch leibhaftig sehen. Er besteht aus einem elf Zentner schweren, wuchtigen steinernen Männerkopf. Seine Stirne ist hoch, die Nase etwas abgebröckelt. Er lächelt mit seinem wulstigen Mund sehr rätselhaft und erinnert an ein Zerrbild der Mona Lisa. Der Hals ist kurz, die Haare sind geschoren wie bei einem Mönch.

Dieser Kopf ist auf dem Aussichtsturm der Veste Oberhaus bei Passau zu besichtigen. Er stammt wahrscheinlich von der Riesenfigur des Heiligen Stephan, die einstmals auf den Zinnen der alten Passauer St.-Stephans-Domkirche stand und fast neun Meter hoch gewesen sein muß.

Der Dom wurde 1662 bei der großen Passauer Feuersbrunst zerstört. Die Figur soll beim Einsturz der Kirchenmauern am Boden zerschellt sein. Nur der Kopf blieb einigermaßen erhalten.

Er erhielt schon bald den Namen Tölpel wegen seiner übermäßigen Größe und wegen seines tölpelhaften Aussehens. Es dauerte nicht lange, da wurde diese Bezeichnung zum Spottnamen für jeden Passauer Bürger.

Mancher wird sogar auswärts darauf angesprochen und scheinheilig gefragt, wo er denn seinen Tölpel hätte. Gewitzte Passauer reagieren darauf schlagfertig, indem sie sagen: „Den habe ich natürlich immer bei mir."

Wenn nun der neugierige Frager ihn sehen will, hält ihm der Passauer schnell einen Taschenspiegel vor die Augen, in dem der Spötter einen wahren Tölpel zu sehen bekommt, nämlich sich selbst. Bevor er das aber begreift, ist der „Eulenspiegel" meist schon verschwunden.

In Passau aber ist es üblich, naseweise Fremde, die nach dem Tölpel fragen, zu einem Brunnen zu führen, wo sich der verdutzte Besucher dann selbst im Wasserspiegel entdeckt.

Wem es übrigens gelingt, der Steinfigur liebevoll dreimal über den lächelnden Mund zu streicheln, dem soll ein heiteres Leben beschieden sein. Ist der Betreffende aber ein Bösewicht, dann kann es geschehen, daß ihn der Tölpel mit einem Schnapp seines Riesenmundes verschlingt, worauf er gleich wieder satt und zufrieden vor sich hinlächelt.

Das Wuide Gjaid

In den Zwölfernächten zwischen Weihnachten und Heilig Drei König, also vom 25. Dezember bis zum 6. Januar, weilen die Himmlischen unter den Irdischen – aber auch die Höllischen. Da beginnt fast täglich nach dem Gebetläuten deren Wilde Jagd, die auch als „Nachtgschroa" bezeichnet wird.

Der Anführer des Wilden Heeres, das im Sturmwind, der Bäume und Äste ächzen und bersten läßt, daherbraust, ist meist Wotan mit seinen beiden Raben und den zwei Wölfen. Er reitet auf seinem geisterhaften Schimmel mit den acht Beinen voraus. Manchmal ist es auch der Teufel selbst auf einem feurigen Eber.

Darauf folgt der Helljäger oder Nachtjäger, nach seiner Tracht auch Blauhütl oder Breithut genannt. Er ist verdammt, in alle Ewigkeit zu jagen, weil er einst am Karfreitag, dem Todestag Christi, respektlos auf die Jagd gegangen ist.

Hintennach tobt im heulenden und klagenden Sturm, als ob die Welt untergehen würde, das Heer der Toten und Geister, der Unholde und Nachtalben. Hexen, Zauberer und dem Teufel Verfallene sind ebenso darunter wie Frau Holle, die Perchte und die Habergoaß. Die Hexen feiern zu diesem Anlaß gleich auch noch ihren Sabbath, können demnach ihren Leib ablegen und überall dorthin gehen, wohin sie die Lust treibt. Besonderen Spaß haben sie am Alpdrucken, wenn sie sich einem harmlosen Schläfer auf die Brust hocken, daß ihm der Schnaufer wegbleibt.

Gehetzt von einer blutgierig kläffenden Meute Riesenhunde kommen zuletzt die Armen Seelen dahergekeucht, vor allem sind Selbstmörder darunter, die der Verdammnis verfallen sind. Auch im Leben völlig verkommene Schiffsleute rasen mit Gelärme und greulichen Flüchen durch die Lüfte.

Rieseneulen, scheußliche Fledermäuse und gewaltige Kolkraben begleiten das Getobe mit Bellen, Fauchen, Zischen, Krächzen und Heulen.

Die Wilde Hatz scheucht auch Waldgeister wie Moosweibl und -mandl auf, und Naturgeister bringen sich vor den Unholden lieber unter einem Baumstock in Sicherheit, in den am besten drei Kreuze gehackt sein sollten, so daß keine Druden sich darauf niederlassen können.

Hinterlistig lockt manchmal die Haberngoaß Ahnungslose mit einschmeichelnder Stimme ins Verderben.

Die im Sturm dahinjagenden Wolkenfetzen und die zwischen den Sträuchern wallenden Nebel sind in Wahrheit heimtückische Gespenster.

Wer das Wuide Gjaid herankommen hört, muß sich in Gottes Namen sofort mit dem Gesicht auf den Boden werfen, dazu seine Arme kreuzweise hinter dem Kopf verschränken und auch seine Beine kreuzartig übereinanderlegen. Nur so kann er unversehrt bleiben und Rettung erlangen.

In Einödhöfen schließt der Bauer tunlichst alle Gerätschaften ein und verbarrikadiert die hintere Haustüre, wenn er den Geisterzug nahen hört. Die Dachluken aber werden von ihm geöffnet. Durch sie kann die wilde Horde nicht eindringen, aber er sich mit seinen Angehörigen ins Freie retten.

Besondere Ängste haben böse Kinder und unmoralische Mädchen auszustehen. Denn Frau Percht packt diese mit Vergnügen an den Haaren, reißt sie hoch in die Lüfte hinauf und läßt sie über dem Chiemsee in den Tod stürzen.

Auch harmlose Spaziergänger werden mit Vorliebe vom Wuidn Gjaid überfallen, in die Höhe katapultiert und im glücklichsten Fall kurze Zeit später wieder fallen gelassen, was meist nicht ohne Knochenbrüche abgeht.

Die wilden Gesellen töten, verletzen und entführen nicht nur Mensch und Tier, die ihnen über den Weg laufen, sie hexen auch manchem Unvorsichtigen Hörner und lange Ohren an, die nur nach intensivem Beten wieder verschwinden.

Aber auch Segen bringt das Wilde Heer bisweilen. Denn Felder, über die es hinwegfegt, oder Obstbäume, die ihr Sturmwind gerüttelt hat, tragen im neuen Jahr reiche Ernte.

In den Zwölfernächten war früher jede Drehbewegung verboten. Wer Wäsche aufhängte, aus dessen Familie holte im neuen Jahr die Percht einen ins Totenreich.

In alten Liedern klingt noch die tiefe Angst vor dem Wuidn Gjaid mit. So heißt es in einem:

> *Hu, hu, gscha, gscha, laf Bua, laf,*
> *und schau di net um, oder i drah dir an Krag'n um.*
> *Hu, hu, gscha, still Bua, still,*
> *wirf di nieder, Gsicht auf'n Bodn, drah di net um.*
> *Hu, hu, gscha, gscha, laf Bua, laf,*
> *und schau di net um, oder i drah dir an Krag'n um.*
> *Hu, hu, gscha, gscha, still Bua, still…*

Zum Glück müssen diese Wunderwesen nur zwölf Nächte lang ausgehalten werden, danach hat Bayern wieder Ruhe vor ihnen.

Die Nebelfrau

Steigen nach warmen Herbsttagen aus nassen Mooren die ersten Nebel auf, mischt sich in sie auch die aus wallenden Schleiern bestehende Nebelfrau. Sie lauert eiligen Wanderern auf, die sich nach dem abendlichen Gebetläuten noch hierher wagen. Die Nebelfrau hüllt ihr Opfer in ihre blind machenden weißen Schwaden ein, so daß es sich verirrt und im tückischen Moor versinkt.

Wer von der Nebelfrau umnebelt wird, soll unbedingt so lange stehen bleiben, bis das Wesen gelangweilt von ihm abläßt. Läuft der Betreffende nämlich davon, reizt dieses Verhalten den Geist zur Verfolgung. Denn jetzt kann er ihm die Sicht nehmen, bis er günstigstenfalls stürzt und sich ein Bein bricht, schlimmstenfalls hilflos versinkt.

Am liebsten treiben die Nebelfrauen ihr grausames Spiel mit Kindern, die man deshalb nie abends alleine ins Moor lassen darf. Sie sollen beim Durchqueren stets auf dem Arm getragen oder an der Hand gehalten werden, damit sie die Unholdin nicht weglocken kann. Schon manchen, der dieses Wesen für ein Hirngespinst hielt, ließ die Nebelfrau auf Nimmerwiedersehn im Moor verschwinden.

Die Drud

Die Drud oder Trud ist besonders in Niederbayern heute noch vielerorts gegenwärtig. Das Wort bedeutet soviel wie stoßen, treten. Die Trud ist also ein Quälgeist, obwohl es sich dabei um eine lebendige Frau handelt. Tote Druden heißen nämlich Weihazn.

Kurz und prägnant bezeichnet Schmeller in seinem Bayerischen Wörterbuch die Drud als „eine von jener Art Hexen oder Unholdinnen, deren besondere Liebhaberei es ist, sich schlafenden Personen in allerlei furchtbaren Gestalten recht breit und schwer auf die Brust zu setzen und ihnen die ängstliche Empfindung zu verursachen, die man anderswo den Alp oder das Alpdrücken nennt".

Zu Druden werden häufig die jüngsten Töchter von Druden, aber auch liderliche, meist hübsche Mägde. Wer unandächtig getauft wird oder wem es angewünscht ist, hat auch diesen Fluch am Hals. Bei allem hat der Sparifankal, der Teufel also, seine „schmutzigen Pfoten" im Spiel.

Druden gehen schwarzgewandet und schattenhaft durch geschlossene Türen, durch Maus-, Ast- und Schlüssellöcher. Ihren Körper „parken" sie während des „Drukkens" leblos an der Hausmauer. Sie können als Männer, Frauen, Ungeheuer, Katzen, Fledermäuse, Strohhalme, Federn und in vielen anderen, auch grausigen Gestalten erscheinen. Meist künden sie sich eine Nacht vorher an. Dabei vernimmt man ein Geräusch, als ob jemand Steine vor dem Haus aufhäufen würde.

Druden hocken oder knien sich nachts mit ungeheuerem Druck auf die Brust oder den Rücken von Männern und Frauen, die daraufhin fast keine Luft mehr bekom-

men und an Erstickungsanfällen leiden. Die Geplagten bekommen Schweißausbrüche und verspüren einen Druck auf dem Herzen, der ihnen Todesangst bereitet. Die Gliedmaßen werden unbeweglich. Man ist wie gelähmt. Schreien ist unmöglich. Obwohl man hellwach ist, gelingt es einem nicht, sich zu wehren.

Die Drud ist bei diesem „Drucken" stumm oder zeigt einem die Zukunft. Manchmal haucht sie einen unangenehm warm an.

Kindern saugen Druden die Milch aus der Brust. Sogar Tiere, vor allem Pferde werden von ihnen heimgesucht. Dies erkennt man daran, wenn tags darauf die meist schwarzen Rösser schweißnaß dastehen und Zöpfe in Schwanz und Mähne geflochten sind, die sich kaum mehr entwirren lassen.

Druden kommen gerne in föhnigen Nächten oder bei Unwetter in Samstags-, Los- und „Woiperl"-Nächten und vor der Christmette.

Die Drud hinterläßt manchmal eine Kükenspur, auch Gickerlfuß genannt. Streut man Mehl auf den Boden, sieht man den Abdruck besonders deutlich.

Gegen das „Drudendrucken" hilft es, in das Kopfende der Bettstatt ein feststehendes Messer, beispielsweise ein Brotmesser, mit der Schneide nach oben zu rammen.

Auch Drudenfüße, -haxn oder -kreuze, also Pentagramme, das sind fünfzackige Sterne, die in einem Zug mit einer geweihten Dreikönigskreide zur Abwehr an Bettgestelle, Fenster und Türen gezeichnet werden müssen, halten diese Nachtmahre fern. Von Nutzen sind ebenso Stoßgebete und Kreuzzeichen. Tritt eine Drud als Kornähre auf, soll man sie festhalten und die Ähre abbrechen. Am nächsten Tag verrät sich die Drud, indem diese Frau kaum mehr Haare auf dem Kopf hat.

Beim „Drudaushau" wickelt man ein Messer in ein Tuch und führt es mit den Händen dreimal um den Körper des Geplagten herum, wobei man jedesmal spricht: „Beim . . . is a Drud im Haus, die hau i jetz naus!" Dann hält man das Tuch an zwei Ecken hoch. Fällt das Messer heraus, so ist das ein schlechtes Zeichen. Bleibt es im Tuch, ist man die Drud los.

Weitere Abwehrmittel gegen Druden sind folgende: Man mache ein Kreuzzeichen mit seiner Zunge oder spritze Weihwasser auf die Türschwelle. Amulette mit Korallen, Diamanten, Pechkohle, Jaspis oder den Fetzen von Wolfs- und Eselshaut an Fenster, Betten und Türen helfen gut. Das Ausräuchern und Aussegnen mit Weihwasser in der Dreikönigsnacht ist weit verbreitet. Der Spruch: „Lul, lul, mei Wei is a Drul" verärgert sie so sehr, daß sie wegbleiben. Socken unter dem Bett, verkehrt vor das Bett gestellte Schuhe oder ein rotes Tuch über die Brust gebunden hält Druden ebenfalls fern. Hört nachts eine Drud den Ruf: „Komm morgen zu mir zum Leihen!" wird sie in der Früh erscheinen, und man weiß so, wer sie ist.

Günstig ist es auch, der Drud etwas Schwarzes zu versprechen: Schwarzen Tee, Zwirn, Dreck oder ein schwarzes Huhn, das sie erdrücken darf. Sie holt das Versprochene am nächsten Tag. Gibt man ihr es nicht, wird sie ohnmächtig und „druckt" in den folgenden Nächten schlimmer als je zuvor.

Druden müssen das Haus durch dieselbe Öffnung verlassen, durch die sie hereingekommen sind. Wer daher alle Öffnungen verstopft, kann sie sogar fangen. Besonders wirksam ist es, wenn man eine Flasche laut zukorkt. Die Drud öffnet sie sofort aus Neugier und schlüpft hinein. Jetzt schnell den Korken zu – und das Biest ist gefangen.

Druden können nur erlöst werden, wenn man in ihrem Namen Messen für die Armen Seelen lesen oder sie von einem Pfarrer mit Gebeten besprechen läßt oder wenn sie etwas totdrücken dürfen.

Angeblich treiben Druden heute noch in der Gegend des Bayerischen Waldes ihr Unwesen.

Der Boanlkramer

So heißt in Bayern der Tod, dem, wie der Name bereits andeutet, die Rolle eines Händlers, eines Kramers zugedacht ist.

Er ist bloß ein armseliger „Herrgottsknecht", der nur die Befehle seines Meisters auszuführen hat. Dabei muß er geschickt und diplomatisch vorgehen, sonst kommen seine Kandidaten nicht mit ihm. Es versteht sich von selbst, daß man mit dem Boanlkramer leicht ins Handeln kommt, und nicht selten gewinnt dabei der Mensch. Er kann dem Tod, dem „abdrahtn Schlankl", grad noch von der Schaufel hüpfen.

So kann man beispielsweise die Uhr vorstellen, um dem tattrigen Sensenmann weiszumachen, daß er die rechte Minute für das Abschneiden des Lebensfadens verpaßt und sich deshalb bis auf weiteres zu „schleichen" habe.

Oder man verbannt mittels einer hinterfotzigen Wette das „Bleichgesicht" auf einen Sessel oder in einen Baum. Er wird erst dann wieder von seinem „Opfer" erlöst, wenn dieses am ewigen Dasein den Spaß verloren hat und erkennt, daß der Tod halt doch zum Leben gehört, wenn man ihn auch möglichst lange hinauszögern will.

Das gelang einst dem längst berühmt gewordenen 75jährigen Brandner Kasper, nicht weil er Angst vor dem Sterben hatte, sondern einfach deshalb, weil es ihm auf der Welt noch zu gut gefiel.

Zuerst versuchte er es beim Boanlkramer mit dem Schmeicheln, indem er ihn wie einen alten Freund behandelte. Dann kartelte er mit dem Tod und „beschiß" ihn dabei nach Strich und Faden. Dies gelang ihm nur, weil sich

45

der Tod aufs Schnapsln einließ, sich am Kerschgeist übermäßig wärmte und im Suff den Schwindel nicht bemerkte.

Als der Brandner Kasper nicht rechtzeitig im Paradies eintraf, handelte sich der Boanlkramer einen bösen Rüffel vom Heiligen Petrus ein. Zum Glück ließ sich der Brandner dann doch noch zu einer „Probefahrt ins Paradies" verleiten, was der Boanlkramer aber mit dem Hintergedanken anzettelte, dem Kasper würde es dort so gut gefallen, daß er nicht mehr auf die Erde zurückwolle. Dem war schließlich auch so, und nun gewann der Boanlkramer doch noch. Er konnte wieder mal aufschnaufen.

Das macht den Tod in Bayern so sympathisch, und es belastet keinen allzu sehr, daß er immer und überall allgegenwärtig ist. Ist einer blaß, so heißt es spöttisch: „Der schaut aus wie der Tod von Öding." Alte Leute brummen gleichgültig: „Mi hat der Boanlkramer vergessn!" Den Raucherhusten bezeichnet man ungeniert als „Friedhofsjodler", und „sterbn muaß a jeder, weil gegn den Tod halt kein Kräuterl gewachsen ist".

Kommt er dann tatsächlich zur Tür herein, staunt ein echter Bayer nur, erschrickt aber nicht. Mit einem, der so bleich und leidend wie ein Armenhäusler aussieht, als ob er zuwenig zum Leben und zuviel zum Sterben hätte, hat man doch nur Mitleid. Hohläugig und mit eingefallenen Wangen, stets fröstelnd und mit schlechtem Gewissen erledigt er die göttlichen Aufträge, deren Ausführung ihn immer äußerst unangenehm berührt.

Der Boanlkramer steht nicht einfach im Zimmer, er klopft devot an. Er tritt nicht stumm und herrisch auf sein Opfer zu. Er entschuldigt sich nuschelnd, erklärt umständlich den Grund seines Besuches, beteuert räuspernd seine

Unschuld, bittet bescheiden um Nach- und Einsicht für
sein Tun, kichert verlegen und lädt schließlich, immer leiser werdend, freundlich zur Mitfahrt ins Jenseits ein, die,
wie er begütigend versichert, „nur an einer Stell, aber die
ist schnell vorbei, a bißl stürmisch ist".

Der Boanlkramer holt einen Bayern nicht ab, ein Bayer
läßt sich herab, mit ihm zu gehen, wenn er soweit ist, daß
er will.

Ein Philosoph meinte einmal: „Der Tod ist ein Wunder
des Lebens – das letzte." Der bayrische Tod, der Boanlkramer, ist darüber hinaus ein Wunderwesen, vielleicht sogar
das erste, das je auf diesem Fleck der Erde existiert hat.

Der Sparifankal

Dieser lustige Name ist für einen eigentlich recht grausigen Gesellen bestimmt, für den Teufel höchstpersönlich, der aber in Bayern eine besondere Stellung einnimmt und zu dem die Einheimischen eine auffallend ungezwungene Beziehung haben.

Dabei sind drei Arten von Namen zu unterscheiden: zum einen Namen, die sein Aussehen beschreiben, zum zweiten die spöttischen und schließlich die respektvollen Bezeichnungen.

Zur ersten Gattung zählen der „Goaßfuaßad", der „Hörndlad", der „Gluadaugad", der „Stinkadorisl" und der „Zvüfingerl" weil der Teufel an jeder Hand sechs Finger hat. Zur zweiten Abteilung gehören der „Gankerl", der „Guziwaukerl" und, wohl am bekanntesten, der „Sparifankal". In der letzten Sparte hört man es flüstern: „Der Ander", „Der ganz Ander", „Der Leibhaftige", „Dersell", „Der von der andern Seitn", „Der Gwiß", „Der von der andern Welt", „Der Gottseibeiuns".

In Bayern sind alle drei Namensarten gebräuchlich, am beliebtesten sind aber zweifellos die spöttischen Ausdrücke. Denn es macht den Einheimischen die größte Freude, sich nur deshalb mit dem Sparifankal einzulassen, um ihn gehörig einzuseifen.

Er erscheint deshalb nicht als böser Geist, sondern leibhaftig mit menschlichen Zügen. Er tritt meist als fesches Grünhütl auf, als schöner Jäger mit Gamsbart oder Auerhahn-Spielfedern, der auf der Jagd nach armen Seelen ist. Als Teifi ist er aber nur an der Stimme oder am Gestank erkennbar, den er nach seinem Verschwinden hinterläßt.

Wer würde auch schon bei so einem sauberen Kerl mit Tirolerhut und wippender Hühnerfeder darauf oder bei einem strammen Spitzbartträger an etwas Schlimmes denken? Sieht man aber nach unten, entdeckt man die „Goaßhaxl" oder einen „Hoizfuaß", und lüpft er den Hut, spitzen zwischen den rabenschwarzen Haaren ein paar Hörndl heraus. Fangen dann noch seine Augen, das dunkle Gesicht und der ungebändigt hervorpeitschende Schwanz zu glühen an, weiß man als Bayer, dem „Glüahsackra" zu begegnen. Jetzt heißt es, auf der Hut zu sein und dem Sparifankal eins auszuwischen, daß er es in Ewigkeit nicht mehr vergißt.

Der „Guziwaukerl" behelligt am liebsten fluchende Saufbrüder, betrügerische Kartenspieler, unkeusche Kammerfensterlsteiger und geldgierige, geizige Schatzsucher. Sie wissen ihn mit seinen eigenen Waffen wohl zu schlagen, indem sie ihn unter den Tisch saufen, im Spiel austrixen, ihn bei einer Wette übel hereinlegen oder ihn mit einem Schabernack so zuzusetzen, daß der angeschmierte Grünhütl mit einem höllischen Aufschrei dorthin zurückfährt, woher er gekommen ist.

So legte ihn ein Schneider herein, indem er statt seinen Namen in das Schwarze Buch des Teufels, in dem er dem Sparifankal seine Seele verschreiben sollte, einfach die heiligen Namen von Jesus, Maria und Josef eintrug. Das „stank" dem Teufel endlos, weil das Buch auf diese Weise für ihn unberührbar geworden war und alle darin Eingetragenen so ihre Seele zurückerhielten.

Ein anderer besprenkelte den Teufel, als der ihn abholen wollte, so lange mit Weihwasser, bis dieser erschöpft aufgab und auf Nimmerwiedersehn in seinen Feuerkeller verschwand.

Angeblich hat Moses zehn Bücher geschrieben, von denen das siebte bis zehnte Buch nicht von der Kirche zugelassen sind. Als „Schwarzbüchl" werden sie von Leuten benutzt, die mit dem „Gottseibeiuns" in Verbindung stehen. In diesen Büchern steht, was Moses auf des Teufels Befehl hätte tun sollen, und das war gewiß nichts Gescheites. Noch heute sollen manche tolldreisten Bayern im Besitz eines solchen Buches sein. Sie hören nicht auf den Pfarrer, der sie bei den sonntäglichen Predigten vor dem Höllenfeuer zu warnen versucht, das er in den greulichsten Farben zu schildern versteht.

Denn der Umgang mit dem Sparifankal läuft nicht immer so glimpflich ab. Der „Goaßfuaßad" ist ein Mordslackl und kann unversehens zum nicht mehr zu bändigenden Wüterich werden, wobei auch das „Apage Satanas" nichts mehr bewirkt. Wer mit ihm Wetten abschließt, kann verlieren. Wer einen Pakt mit ihm eingeht, dessen Seele zerrt er am Ende ins Höllenfeuer. Er bricht dem Teufelsbraten das Genick und jeden Wirbel einzeln und wirft seine verkohlte Leiche auf den Misthaufen, daß sie gar nicht mehr schön aussieht.

Der Sparifankal ist ein „Abdrahter", dem keine Sünde entgeht, der überall lauert und alle Bosheiten mit Freuden zusammenzählt und nur darauf wartet, daß endlich das Maß überläuft.

Er ist ein „Ausgefuchster", der mit hinterlistigen Tricks grauenhafte Todsünden arrangiert, als hätte er eine Theatertournee durch Bayern zu verantworten. Da hilft es auch nicht, lutherisch-protestantisch zu sein, denn die „derwischt er auch".

Manche Dirn versucht er zur Teufelsbraut zu machen, indem er sie raffiniert verführt. Beim Winteraustreiben gesellt er sich leibhaftig zu den maskierten Burschen und jagt ihnen einen Mordsschreck ein, wenn sie entdecken, wer da neben ihnen steht.

Aber da erweist es sich halt, wer von den Mannsbildern nun wirklich keine Angst vor Tod und Teufel hat und dem Boanlkramer und dem Sparifankal furchtlos ins Gesicht schaut. Am besten so lang, bis diese Reißaus nehmen vor dem Bayernlackl – oder ihn aber so hernehmen und durchlassen, daß er seine blauen Wunder erlebt. Ein Guter hält's aus, und um einen Schlechten ist's nicht schad'.

Der Woutzl

Im Oberpfälzer Jura erscheint immer wieder der Woutzl, auch Woudl genannt, den jeder dort gut kennt.

Es ist eine grausige Spukgestalt ohne Kopf, die auf einem ebenfalls kopflosen Schimmel reitet. Vielleicht handelt es sich dabei um einen böhmischen Raubritter aus dem Mittelalter, den man in Furth im Walde gefangennahm und ins Verließ des Lärmenturms sperrte. Als er auf seinem Schimmel fliehen wollte, schlug das eiligst herabgelassene Fallgitter dem Pferd den Kopf ab. Der Ritter mußte daraufhin den Hungertod erleiden.

Seither erscheint um Mitternacht der kopflose Schimmel entweder allein oder mit dem kopflosen Ritter und durchwandert lautlos die Gegend.

Noch heute wird manchen Kindern gedroht: „Sei bloß brav, sonst kummt der Woutzl!" Bei Amberg war auch lange Zeit das makabere Wiegenlied zu hören:

Schweig stilla g'schwind, ma loibes Kind!
Da Woutzl kummt und nimmt de mit.
Schweig stilla g'schwind und halt dei Mäul,
Er is scho draß'n mit sein Gäul!

Noch gruseliger hört sich folgende Ballade an:

Der weizende Woutzl

Um Mitternacht heult ein weinender Wind.
Die Gassen sind leer und verlassen.
Ein später Zecher torkelt geschwind
durch die unheimlich leblosen Straßen.

Vor sich sieht er da, hundert Schritte noch fern
einen grauen Schatten auftauchen.
Der kommt auf ihn zu, kein Schritt ist zu hörn,
nur ein gräßliches eisiges Fauchen.

Es ist ein Pferd, auf ihm sitzt ein Mann,
beide sind totengrau und stumm,
ohne Köpfe. Der Zecher sieht grausend sie an
und röchelt: „Der Woutzl geht um!"

Er greift sich ans Herz, wo das Blut ihm gerinnt,
schlägt mit dem Kopf auf den Stein.
Die Straße ist leer, böse kichert der Wind
in die Totenstille hinein.

Die Schiache Luz

Am 13. Dezember geht sie in der Oberpfalz und im Bayerischen Wald um, die Schiache Luz. In alten germanischen Zeiten wurde dieser Tag nämlich als der Zeitpunkt der Wintersonnenwende angesehen. In dieser längsten Winternacht hatte man deshalb eine entsetzliche Angst vor einer bösartigen Hexe, welche die lange Dunkelheit für ihre Untaten ausnützen wollte.

Nachdem die Heilige Luzia den 13. Dezember als ihren Ehrentag zugeteilt bekam, wurde ihr Name kurzerhand der teuflischen Hexe gegeben und die Dämmerstunde mit einem grausamen Brauch belegt.

Seither läuft in der Nacht zum 13. Dezember die Schiache Luz, auch Luzelfrau genannt, durch die Straßen. Sie ist zerlumpt gekleidet, hat einen roten Mantel umgehängt und vor dem Gesicht eine häßliche Maske mit verzerrten Grimassen. Das Haar hängt ihr wirr ins Gesicht. Mit der einen Hand umkrampft sie eine Sichel und einen Wetzstein, in der anderen schwingt sie einen Henkeltopf, das sogenannte Schwingerl.

Sie rennt den Kinder nach, die sie auf den Straßen und in den Gassen entdeckt, um ihnen mit der Sichel den Bauch aufzuschlitzen. In das Schwingerl sammelt sie deren Gedärme, die sie für ihre Hexensuppe braucht. Dabei heult sie schauerlich: „Schwingerl voll Därm, Schwingerl voll Därm . . ." oder auch: „A Mölterl voll Bluat und a Schüsserl voll Därm . . ." Unter Mölterl versteht man einen Milchtopf aus Ton.

Heutzutage treiben längst die frechen Lausbuben mit der blutigen Luz ihre derben Scherze. Sie rennen vor ihr her und brüllen, sich dabei herrlich gruselnd:

Luzia, Luzia, dei Hemad steht für!
Geh außi, stecks eini, nachad tanz i mit dir!

Schon saust die Schiache Luz um die Ecke, und kreischend stieben die Rotznasen auseinander. Sie rennen ohne Pause davon, bis die Rufe der meist langsameren Hexe hinter ihnen leiser werden.

In der Gegend von Wunsiedel gaben die Leute der Schiachn Luz etwas zu essen, damit ihre gräßliche Mordlust besänftigt wurde und sie statt dessen die Felder segnete. Denn auch dazu hatte sie durchaus die Macht.

Der Arber Bluatsauger

Von einem alten Oberpfälzer wurde mit großem Ernst folgende Geschichte über ein bisher in Bayern kaum bekanntes Wunderwesen erzählt:

„In der Gegend von Viechtach, beim Arber wohl, hat in meiner Kindheit ein Bluatsauger glebt. Losgangen ist alles, wie der siebte Bua von einem Bauern gestorbn ist. Der Bauer war selbst auch ein siebter Sohn gewesn. Er ist aus Rumänien eingewandert, wo es grad gnug Bluatsauger gebn soll, wie man sagt.

Wenn man auf d'Nacht sein Fenster auflassn hat, ist auf einmal lautlos eine Fledermaus in die Kammer hereingflogn. Die hat sich, wenn man gschlafn hat, einem auf den Hals gesetzt und Bluat gsaugt. In unserem Dorf hat's drei erwischt. Die sind einen Monat später gestorben. Die Sauglöcher am Hals hat man ganz deutlich sehn können.

In einer Nacht sollen dann der Totngraber und drei Männer das Grab von dem Bluatsauger aufbrochen habn. Er ist im Sarg glegn, unverwest, mit Reißzähn wie ein Wolf. Da haben's ihm Weihrauchkörner in den Sarg glegt und Knoblauchzehen in den Mund gestopft. Dann haben's ihn mit dem Gsicht nach unten eingraben. Wie s' das Grab zugschaufelt habn, hat's ganz greislig im Sarg geächzt und knarrt, und dann war's totenstill. Seit dieser Zeit war a Ruh."

Soweit die Geschichte des Oberpfälzers.

In manchen Orten Bayerns, so auch in der Gegend vom Sauwald, wird von ähnlichen Vampiren berichtet, die hier allerdings Totbeißer oder auch Nachtzutzler genannt werden.

In jeder Gegend weiß man verschiedene und andere Gründe, warum mancher Verstorbene dazu verdammt wird. So können Ungetaufte, Hexen, Bösewichte oder Selbstmörder dazu werden. Auch Menschen, die Knoblauch hassen oder das Fleisch von einem Tier essen, das ein Wolf gerissen hat, sind anfällig. Wenn über einen Sarg eine Nonne hinwegsteigt oder eine Katze darüberspringt, ist der darin Liegende ebenso gefährdet.

Bluatsauger sind nur nachts "lebendig" und auf der gierigen Suche nach Opfern für ihren Blutrausch. Wenn sie jedoch beim ersten Hahnenschrei nicht wieder in ihren Särgen liegen, zerstört sie der Strahl der aufgehenden Sonne für immer.

Die Bluatsauger können auch in Bayern in verschiedener Gestalt auftreten. Tagsüber wären sie, wenn sie das Licht aushalten würden, ganz normale, etwas blasse Menschen mit auffallend spitzen Eckzähnen. Nachts zeigen sie sich als Hund, Wolf, Schlange oder als Fledermaus. Sie haben kein Spiegelbild und werfen keinen Schatten.

Als Schutzmaßnahmen gegen die Totbeißer werden verschiedene Möglichkeiten aufgezählt:

Zuerst muß man nachts in einem bedrohten Gebiet alle Fenster und Türen verriegeln und wenn möglich mit Knoblauchsaft bestreichen, damit dieses Unwesen nicht eindringen kann. Friedhöfe, Ruinen und Wegkreuzungen sollte man bei Einbruch der Dunkelheit völlig meiden. Das in Bayern übliche Betläuten zu dieser Zeit soll Säumige und Zerstreute daran erinnern, sich rasch in ihre schützenden Häuser zurückzuziehen.

Dornen von Heckenrosen um das Haus gestreut, irritieren den Nachtzutzler. Er wird sie, einem inneren Zwang gehorchend, alle erst aufsammeln, und darüber vergeht meistens die Nacht.

Legt man um das Haus einen Wassergraben, bleibt der Bluatsauger auch fern, denn er verabscheut es, einen Wasserlauf zu überqueren.

Große schwarze Hunde, denen ein zusätzliches Augenpaar auf die Stirn gemalt ist, schrecken das Nachtwesen ebenfalls ab.

Die Grabstätte eines Bluatsaugers läßt sich durch ein junges Mädchen herausfinden, das auf einem Pferd über den Friedhof reitet. Dort, wo das Pferd scheut oder nicht über ein Grab steigt, liegt so ein Geselle.

Außer den bekannten Mitteln, einen Bluatsauger unschädlich zu machen, wie zum Beispiel das Durchbohren seines Herzens oder seines Nabels mit einem gespitzten Eschenholz- oder Wildrosenholzstock oder das Erschießen mit einer silbernen Kugel, gibt es in Bayern noch andere wirksame Methoden:

Man stopft, wie bereits erwähnt, dem Totbeißer Knoblauchknollen in den Mund, begräbt ihn mit dem Gesicht nach unten, übergießt ihn mit Oster- oder Weihwasser oder räuchert ihn mit Weihrauch zu Grunde. Man kann auch sein Grab mit Wildrosen überwuchern lassen, oder man verbrennt seinen Sarg, so daß er bei Sonnenaufgang kein Versteck mehr findet, in das er sich zurückziehen kann. Gibt man ein Kreuz in den leeren Sarg, wird die gleiche Wirkung erzielt, denn in eine derart belegte Kiste traut sich kein Bluatsauger mehr hinein.

Im Gegensatz zu den Vampiren aus anderen Ländern tritt der bayrische Totbeißer nicht als Herr in Frack und schwarzem Umhang auf, sondern als Gegenstück zur Weißen Frau in einem weißen Totenhemd. Mit seinen eingefallenen Augen, die dunkel umrandet sind, gleicht er eher einem Zombie als einem Grafen Dracula.

Der Bluatsauger, Totbeißer oder Nachtzutzler ist in Bayern sicher nicht das bekannteste Wunderwesen, soll aber in letzter Zeit in verschiedenen Gegenden häufiger aufgetreten sein als bisher. Man tut also vielleicht gut daran, sich seine Namen, Eigenschaften und die Abwehrmaßnahmen wieder etwas gründlicher einzuprägen.

Die Krott

Unter einer Krott oder einem Broz versteht man eine abscheulich anzusehende, bewarzte und schleimige Kröte, die man sich von Haus und Leib möglichst fernhalten will. Und dennoch beschäftigen diese Wesen seit jeher, mehr als andere weniger häßliche, die Phantasie der Menschen.

Da man bei Renovierungsarbeiten alter Schloßbauten schon mehrmals in jahrhundertelang zugemauerten Nischen noch lebende Krottn entdeckt haben will, sprach man ihnen ein methusalemisches Alter von mehreren hundert Jahren zu und glaubte sogar, daß manche von ihnen durchaus 1000 Jahre alt werden können.

Natürlich erschien das gleichzeitig auch unglaubwürdig, und so versuchte man es damit zu erklären, daß böse Geister in Gestalt von Krottn unbegrenzte Zeit auf Erden umgehen müssen. Kein Wunder, daß man sie für Teufels- und Hexentiere hielt.

Besonders die „Frauendreißigerkrottn" nach Mariä Himmelfahrt, aber auch die Georgs- und Johannikrottn gelten als verwunschene Exemplare. Wenn sie also böse Geister sind, so läßt sich weiter kombinieren, sind sie auch für allerlei Zauberei von Nutzen. So sollen an langen Ruten aufgespießte Krottn, die man in Ställen aufhängt, alles Böse und Giftige an sich ziehen. Wirft man sie in tiefe Brunnen, müssen sie alle Verunreinigungen aus dem Trinkwasser in sich aufsaugen. Frauen, die an der Gebärmutter erkrankt sind, bringen in Feldkapellen und Wallfahrtskirchen Krottn aus Wachs oder Eisen und ketten sie dort als Opfergabe an die Wände. Da die Krottn ihre Krankheiten

angezogen haben, sind damit auch diese auf ewig ange-
kettet.

Niemals sollte man übrigens Bettler abweisen oder ihnen zu wenig geben, denn sonst hexen diese leicht ganze
Scharen von Brozn und Krottn in die Hauswinkel und mit
ihnen zieht das Böse ein. Nur frommer Gebets- und Weihe-
zauber kann eine derart verwunschene Wohnstatt wieder
vom Unheil erlösen.

In der Walpurgisnacht pflegen Krottn den Kühen die
Milch auszusaugen. In verlassenen Gemäuern hocken sie
unbeweglich als Schatzhüterinnen. Keiner wage sie anzu-
fassen, um an den Schatz zu kommen, denn er würde dadurch das Unglück auf sich ziehen.

Nährt man eine Krott aber freundlich mit Milch, zeigt
sie sich als guter Hausgeist, der alles Böse fernhält.
Krottnpulver gilt als heilsam. Und wer es wagt, eine Krott
solange in der Hand zu halten, bis sie warm wird, wird von
chronischem Hautschweiß, Nasenbluten und von häßli-
chen Warzen befreit.

Das Holzweibl

Wie der Name andeutet, lebt dieses Wesen im Holz, also im Wald. Es hat eine unheimliche Stimme und große, durchdringende Augen. Als ein eulenartiger Unhold ist es gespenstischer als der bekannte Nachtvogel.

Das Holzweibl gehört in das Reich der Finsternis und des Todes und könnte womöglich die Seele eines Verstorbenen sein. Nähert es sich, angezogen von dem trüben Licht eines Krankenzimmers, einem Wohnhaus, so kündigt es mit seinem schaurig klingenden Rufen Verlust, Unheil und Tod an. Der Schrei des Holzweibls ist ebenso gefürchtet wie das Ticken des Holzwurmes und wird als Tod-Herbeirufen gedeutet, hört er sich doch beinahe so an wie:

> *Du-hu, du-hu, komm mit zur Ruh'!*
> *Du-hu, du-hu, komm mit in die Truh'*

Oder das Guck-gwi, guck-gwi, guck-gwi erinnert an:

> *Komm mit, komm mit,*
> *zum Friedhof, komm mit!*

Das Holzweibl bestellt somit auch gleichsam die Holzbretter für den Sarg. Mancherorts heißt es auch Todlacher oder Winselmuatterl.

Das Holzweibl soll auch Hexen zum Bocksberg begleiten und für sie Botenflüge verrichten. Während der Teufel häufig in der Gestalt eines Bockes erscheint, zeigt sich des Teufels Großmutter meist als Eule, also so wie das Holzweibl mit langen Krallen und schnabelförmigem Maul.

Am Holzweibl fallen besonders die starr blickenden sonnenradgroßen Augen auf. Wer längere Zeit in sie hineinblickt, der soll erblinden, so wie das auch bei langanhaltendem Schauen in die Sonne geschieht. Die Blicke des Holzweibls sind derart scharf, daß sie bis in den Kern der Wahrheit einzudringen vermögen. Deshalb wird es auch als Weise verehrt. Gleichzeitig aber verrät ihr starres G'schau, daß es den Dämonen- oder bösen Blick besitzt, dem man sich deshalb tunlichst nicht aussetzen sollte.

Kinder, die es in der Dunkelheit noch antrifft, kratzt es angeblich gerne oder es bieselt ihnen wüst auf den Kopf. Ja sogar das Blut soll es manchen schon ausgesaugt haben. Wer sich in der Nacht aber im Freien aufhalten muß und Angst vor der Dunkelheit und dem Holzweibl hat, der braucht nur eine Feder von ihm bei sich zu tragen, zur Not reicht auch die Feder eines Uhus oder eines Käuzchens.

Der Hoi-Hoi-Mann

Dieses „universal-bayrische" Wunderwesen, auch Hoje-männle genannt, trifft man im Altbayrischen, Fränkischen und Schwäbischen an. Es handelt sich um einen unheimlichen Waldgeist, der auch in Getreidefeldern, in Mooren und in ausgetrockneten Bachbetten erscheint. Am liebsten aber hält er sich in zerfallenen Gehöften, wuchtigen Holzstößen oder in einsamen Wäldern auf.

Man erkennt ihn sofort an seinen eigentümlichen Rufen. Noch heute beunruhigt er nachts Wanderer mit seinem Geschrei: „He-he! – Hoi-hoi! – Hojohoje! – Hüa-hüa! – Huya-huya!" Folgt man dem Ruf des Kobolds, geht man garantiert in die Irre.

Sieht man einen Hoi-Hoi-Mann auf sich zukommen, verstecke man sich tunlichst hinter einem Baum. Dann erblickt man entweder ein auffallend kleinwüchsiges Männlein mit einem großen schwarzen Hut, dessen Gesicht verdeckt und daher unkenntlich ist. Er trägt einen roten Mantel und schwingt häufig eine Peitsche.

Aber auch baumlange, dafür spindeldürre Exemplare in grasgrüner Kleidung gibt es bei den Hoi-Hoi-Männern. Haare und Bart ähneln graufarbenem Moos. Während sie ihre Rufe ausstoßen, tanzen sie wie verrückt auf Händen und Füßen herum, schlagen Rad und rasen ihren Opfern, wenn sie diese entdecken, blitzschnell immer wieder zwischen den Beinen hindurch. Mit diesem Spuk wollen sie die Überraschten necken und ihnen Angst machen. Oft weinen sie auch stundenlang herzzerreißend in Holzstößen. Nicht selten werden die erschreckten Leute dadurch depressiv oder schwer krank.

Sonst tun die Hoi-Hoi-Männer niemandem etwas zuleide. Im Gegenteil, mitleidigen und höflichen Personen werfen sie sogar kleine Geschenke vor die Füße. Aber man darf sich nicht täuschen lassen. Sie wirken zwar allesamt recht schwach und sollen angeblich ohne Mark geboren sein. In Wahrheit aber sind sie bärenstark. Wer sie verspottet oder beleidigt, sie mit „Pfui-pfui" nachäfft oder sie auslacht, den jagen sie mit Gebraus, springen auf dessen Rücken und erdrücken ihn qualvoll. Oder sie werfen ihn Hunderte von Metern durch die Luft, brechen ihm dabei alle Knochen und lassen ihn zu Tode stürzen.

Besonders von Heiligabend bis Drei König treten Hoi-Hoi-Männer gehäuft auf. Aber auch im Sommer lassen sie sich hören. Oft sieht man im Morgentau in schillernden Kreisen ihre winzigen Fußspuren. Heute scheinen sie scheuer zu werden. Denn kommt man ihnen zu nahe, verstummt das Rufen plötzlich, oder man hört, wenn ein Gewässer in der Nähe ist, ein lautes Platschen; dann ist es still.

Die Krönelnatter

In Bayern existieren nur vier Schlangenarten, die allesamt streng unter Naturschutz stehen. Die einzige Giftschlange ist die Kreuzotter, die man am stumpfen, dreieckigen Kopf, am Zickzackband auf ihrem Rücken und am kurzen Schwanz erkennt. Sie haust in Moor und Heide.

Im Alpenvorland südlich von München hat die Schling- oder Glattnatter an Waldrändern und in heckenreichen Gegenden ihren Lebensraum. Sie weist zwei bis vier dunkle Fleckenreihen und einen dunklen Augenstreif auf.

Bei Passau an der Donau und im Unterlauf von Inn und Salzach lebt noch vereinzelt die größte, zwei Meter lange Schlange Deutschlands, die Äskulapnatter, an Waldrändern, in Sumpfwiesen und Mooren.

Außerdem findet man noch weiter verbreitet die Ringelnatter mit einem gelben, halbmondförmigen Fleck am Hinterkopf.

Die glänzende graugelb bis rotbraune Blindschleiche sieht zwar einer Schlange recht ähnlich, ist aber eine Echse, genauer gesagt, eine Schleiche.

Alle diese Schlangen aber werden von der Krönelnatter an Seltenheit und Wunderlichkeit weit übertroffen. Immer wieder erzählen Leute nämlich von einer ganz eigenartigen Schlange mit einem goldenen Krönchen auf dem Haupt, die schön singen kann.

Im Fichtelgebirge bei Wunsiedel wurde sie schon gesehen. Sie ist sehr groß, glänzend wie aus Gold, und sie ringelt sich ungewöhnlich rasch vorwärts. Will sie jemand aus Angst erschlagen, dann sieht sie ihren Übeltäter lange wehmütig aus ihren bezaubernden großen Augen an und

weint rührend wie ein Kind, bevor sie wieder spurlos verschwindet. Die Ablage für ihre Krone soll eine goldene Schale am Ende des Regenbogens sein, wo er die Erde berührt.

Wer unschuldig und reinen Herzens ist, dem kann die Krönelnatter begegnen. Sie liebt Milch und hängt einem von ihr erwählten Menschen mit großer Treue an. Schenkt sie einem nach langer Freundschaft sogar ihr Krönlein, was sehr selten geschieht, wird der Betreffende lebenslang Glück haben und in Wohlstand leben. Nach diesem Geschenk aber zeigt sich die Wunderschlange nicht mehr.

Der Natternberg bei Deggendorf beherbergt angeblich viele Nattern, die auch einen König haben. Eine Magd, die einst am Fuße dieses Berges ihr Tuch ausbreitete, soll den Schlangenkönig gesehen haben. Er kam nämlich angekrochen und legte seine Krone auf das Tuch, das ihm zu gefallen schien.

Die verblendete Magd packte jedoch das Kleinod und rannte Hals über Kopf davon. Hinter ihr her schlängelte mit bösem Zischen der Schlangenkönig. Zum Glück erreichte die Diebin noch rechtzeitig das Haus und konnte gerade noch die Türe zuschlagen, an der der König der Schlangen sich heftig anstieß, so nahe war er der Magd bereits. Sie soll aber ihr Lebtag lang kein Glück mehr gehabt haben und sehr bald bei einem Unglücksfall mit einem Fuhrwerk ums Leben gekommen sein.

Krönelschlangen treten in Bayern auch als Wächter von geheimnisvollen Goldschätzen in Berghöhlen auf oder sind schlimmstenfalls sogar unangenehme Druden, die in dieser Gestalt in Alpträumen schwer auf die Brust ihrer hilflosen Opfer drücken. Diese aber haben dann nichts mit der zartbesaiteten Krönelnatter zu tun, die liebevoll auch als Glücksnatter bezeichnet wird.

Frau Bercht aus Franken

„Zwei Wesen wohnen, ach, in meiner Brust!" Der Ausruf könnte von der seltsamen Erscheinung der Frau Bercht stammen. Als lichte Fee läßt sie die Guten und Braven unbehelligt und bringt ihnen sogar Glück. Den Schlechten aber erscheint sie in grausiger Gestalt, und ihr Verhalten ist dementsprechend.

Nicht nur in Franken ist sie bekannt, auch in Schwaben und in Ober- und Niederbayern. Außer Bercht und Perchta nennt man sie noch Frau Berta, Bert oder aber Berchtel.

Von der Bevölkerung wird sie geachtet und sehr gefürchtet, denn, so heißt es, sie schneidet bösen Kindern den Bauch auf und stopft ihn mit Haaren oder mit Heckerling voll.

Am Silvesterabend sieht sie im Haus nach, ob die Mägde sauber geputzt und ob die Spinnerinnen ihre Arbeit vollendet haben. Ist von den Dienstboten geschludert worden, packt sie den ganzen Dreck und den ungesponnenen Rocken und drückt alles in die von ihr aufgeschlitzten Bäuche der Mädchen.

Zur Beschwichtigung der Furie wurden früher Kuchen gebacken und vor die Türe gestellt. Die Armen, wie Handwerksburschen oder Bettler, durften sich dann an diesen „Berchtküachln" oder „Rauhnachtsnudeln" laben. Die leeren Teller blieben die ganze Nacht im Freien stehen, damit Frau Bercht, wenn sie vorbeikam, erkannte, daß man hier an sie gedacht hatte.

Auch auf dem Fensterbrett oder auf dem Küchentisch standen neben einer brennenden Kerze die „Armenseelenbrote" oder „Heilignachtküachln". Frau Bercht kam nämlich nicht allein, sondern die Seelen der Verstorbenen folgten ihr. Am nächsten Morgen untersuchte man die Brote und sonderte die aus, an denen die Armen Seelen nur gelutscht hatten. Sie wurden umgehend verbrannt.

Die Bercht treibt also ihr Unwesen in der Weihnachtszeit, mancherorts am 5. Dezember oder am 24. Dezember, bisweilen an Silvester oder am Vorabend von Heilig Drei König. Dann findet ihr zu Ehren das Perchtenlaufen statt, bei dem grausig maskierte Burschen als schiache Perchten, das heißt als häßliche, lärmend durch die Gegend toben, einige auch als schöne Perchten durch die Straßen schreiten. Beide Gruppen bringen das janusköpfige, gespaltene Wesen dieser unheimlichsten Frau Bayerns überzeugend zum Ausdruck.

Der Werwolf von Ansbach

Um 1685 trieb ein Wolf im Fränkischen sein Unwesen, indem er nachts Erwachsene, aber auch Kinder und Vieh riß und verschlang. Ein Hahn, den er fressen wollte, flog aufgeschreckt über einen Brunnen. Der Wolf, der ihm gierig nachsetzte, stürzte dabei in den tiefen Schacht und wurde von den Leuten zu Tode gesteinigt.

Danach steckte man ihn in menschliche Kleider. Die Wolfsschnauze wurde ihm bis zu den Augen abgeschlagen und mit einer Bartmaske verkleidet. Er sah fast wie ein Mann aus, als er darauf am Galgen aufgehängt wurde.

Seit dieser Zeit sollen Werwölfe im Fränkischen hausen, die immer wieder auftauchen und die Leute in Angst und Schrecken versetzen. Sie zeigen sich nur in Vollmondnächten und nehmen bei Tagesanbruch wieder ihre Menschengestalt an. Es sind ungemein bösartige Wesen. Sie zerreißen ihre ahnungslosen Opfer, trinken ihr Blut und verschlingen sie mit Haut und Haar. Da nichts von ihnen übrig bleibt, wird nur bekannt, daß wieder einmal jemand spurlos verschwunden sei.

Nach einer Mordnacht erinnern sich die Werwolfsmenschen an nichts mehr und benehmen sich bis zur nächsten Vollmondnacht meist unauffällig. Aber selbst wenn sich einer doch zufällig an seine bestialischen Taten erinnern sollte, so kann er sie dennoch nicht verhindern.

Wenn sich ein Wolfsmensch in einen Werwolf verwandelt, verspürt er vorher ein brennendes Jucken am ganzen Körper. Die Gliedmaßen strecken sich, überall sprießen Fellhaare, und irgendwo an seinem Leib erscheint ein

fünfzackiger Stern, der Drudenfuß. Nun erwacht eine nicht zu zügelnde Mordlust in ihm. Weder Mauern noch Gitter können ihn vor seinem Blutrausch zurückhalten.

Einen Werwolf erkennt man im menschlichen Zustand an seinen gelblichen Augen und zusammengewachsenen Brauen. Auch stark behaarte Hände, an denen der Zeigefinger der längste Finger ist, deuten darauf hin. Haustiere riechen den Werwolf in einem Menschen und verhalten sich ängstlich und abwehrend.

Im normalen Stadium ist ein Werwolf meist aufbrausend und aggressiv. Aus Ohren und Nasenlöchern wachsen ihm Haare. Diese stammen von seinem Pelz, der im Alltag unter der Haut versteckt ist. Nur in Vollmondnächten wendet er gleichsam seine eigene Haut. Wird ein Werwolf verletzt, zeigt sich diese Wunde auch bei seiner menschlichen Gestalt an der gleichen Stelle.

Zum Werwolf kann man auf mehrere Arten werden. Wenn ein Ehepaar hintereinander sieben Söhne bekommt, wird einer von ihnen ein Werwolf; oft ist es der jüngste. Wer mit dem Teufel einen Pakt schließt oder von einem Werwolf gebissen wird, muß auch dazu werden. Das Umschnallen eines Gürtels aus Menschenhaut und das Einreiben mit einer Katzenfettsalbe, in die Opium und Anissamen gemischt sind, lassen ebenfalls die Verwandlung zum Werwolf zu. Dabei ist unbedingt folgender Bann zu sprechen:

Mach mi zum Werwoif, zum Mannafressa!
Mach mi zum Werwoif, zum Weibafressa!
Mach mi zum Werwoif, zum Kindafressa!
I hab Glusta nach Bluat, nach Menschnbluat!

Gib ma's, gib ma's heit nacht!
Großer Wolfera, gib ma's, gib ma's ei,
mei Herz, mei Leib und mei Seel san dann dei!

Ist man zum Werwolf geworden, verspürt man in sich
eine teuflische Gier, wie sie die folgenden Verse eines Wer-
wolf-Liedes ungefähr erahnen lassen, das heute noch ge-
sungen wird:

Hab Durst auf Blut, hab Hunger auf Fleisch,
hab Glusta auf Kinder und Fraun.
Will schleichen und jagen, will knurren und heul'n
meine Zähne in Warmes haun.

Hab Gier auf Nacht, hab Verlangen nach Mond,
Hab Zwang zu Mord und Tod.
Will beißen und reißen, will schlagen und schlingen,
frisches Fleisch ist mein nächtliches Brot.

Hab Sehnsucht nach Freiheit, hab Willen zum Gutsein,
hab Drang, mich von Schuld zu befrein.
Will enden das Morden, will aufhörn zu fressen,
will nie wieder Bestie sein.

Ein Werwolf kann nur mit einer silbernen Kugel getötet
werden. An manchem Charivari, dem Bauchgehänge an der
bayerischen Tracht, ist deshalb dieser sogenannte „Wer-
wolfschusser" zu finden. Im Todeskampf nimmt der durch
diese Kugel getroffene Wolfsmann wieder seine menschliche Gestalt an und ist von seiner Besessenheit erlöst.

Die Weiße Frau

Eine der ersten Weißen Frauen der Welt beobachtete man im 14. Jahrhundert in der Plassenburg über Kulmbach. Es soll sich dabei um eine verwitwete Gräfin gehandelt haben, die aus Liebe zu einem Burggrafen ihre Kinder aus erster Ehe ermordete, da ihr der Graf zu verstehen gab, daß vier Augen ihrer Verbindung im Wege seien. Allerdings meinte er damit nicht die Kinder, sondern ihre Schwiegereltern.

Nach diesem Verbrechen aus Irrtum begab sich die Gräfin ins Kloster, wo sie auch starb. Seither spukt sie bis heute als die berühmte „Weiße Frau der Hohenzollern" in verschiedenen Schlössern, Burgen, ja sogar in Bürgerhäusern herum. Sie erscheint stets vor einem Unglück oder Todesfall.

Manche Weiße Frauen, von denen es in Bayern eine große Anzahl gibt, bevölkern auch kleinere Hügel und Berge. Sie erscheinen nachts als Nebelfrauen in der Nähe von Friedhöfen oder Hügelgräbern, mit Vorliebe aber in historischen Gebäuden.

Es sind luftige Gestalten, weiß bis grau gewandet, und haben grünlich schimmernde Augen, bisweilen auch überhaupt kein Gesicht oder eines, das unkenntlich hinter einem Schleier versteckt ist. Sie besitzen Macht über Bäume und andere Pflanzen.

Man glaubt, daß sie die Geister verführter Frauen und betrogener Mädchen sind und sich nach dem Tode an den Männern rächen wollen. Einige verführen beispielsweise ihre Opfer, worauf diese früher oder später unter Krämpfen sterben. Andere locken sie in die Irre.

Auch Kinder rauben manche, oder sie legen häßliche und kranke Kinder, sogenannte Wechselbälger, in die Wiegen. Meist aber lassen sie die Menschen unbehelligt und scheinen ihre Umgebung gar nicht wahrzunehmen. Sehr selten treten sie als hilfreiche Geister in Erscheinung, indem sie beispielsweise bei der Hausarbeit helfen.

Die Farbe Weiß ist in der alten Symbolik übrigens die Farbe der Trauer und des Todes. Die Weiße Frau ist jungfräulich und ohne Sinnlichkeit. Sie wirkt rührend hilflos. Sie zeigt sich als weibliche Lichtgestalt im Schleier. Sie spukt nicht regelmäßig. Oft vergehen zwischen zwei Erscheinungen mehrere Jahre oder gar Jahrzehnte.

Wenn eine Weiße Frau zu nächtlicher Stunde erscheint, erinnert man sich gruselnd an Christian Graf zu Stolbergs Verse, die er 1814 verfaßte:

Gehüllt in weiße Witwentracht
In weiße Nonnenschleier,
So schreitet sie um Mitternacht
Durch Burg- und Schloßgemäuer.
Die bleichen Händ' ins Kreuz gelegt,
Auf flachem Busen unbewegt,
Den Blick gesenkt zur Erde,
Mit starrer Leichgebärde.
Die Weiße Frau! Sie allbekannt,
Zuerst geseh'n im Frankenland.

Der Bad Brückenauer Wunderbaum

Nicht nur in alter Zeit, auch in unseren Tagen entstehen in Bayern Wunderwesen, wie folgender, übrigens nachweisbarer Fall bestätigt.

Besonderes Interesse weckt bei den Besuchern des unterfränkischen Staatsbads Brückenau im Landkreis Bad Kissingen in jedem Jahr ein Baum im dort angelegten Kurpark. Der 150 Jahre alte Riese trägt an den Ästen gleichzeitig Eichen- und Buchenblätter. Wie es heißt, sind sich noch heute die Experten über den ungewöhnlichen Blattwuchs nicht einig, da die in diesem Baum „vereinten" Hainbuche und Eiche nicht zu einer Pflanzenfamilie gehören. Nicht nur für Bayern, für die gesamte Bundesrepublik ist dieser „Doppelbehang" einmalig.

Seither versucht man unermüdlich, dem Rätsel auf die Spur zu kommen. So vermutet der dort angestellte Gartenbaumeister, daß vor 150 Jahren in einer holländischen Baumschule Pflanzen aus diesen Baumsorten womöglich veredelt wurden und ein Exemplar davon nach Brückenau kam. Aber, wie heißt es doch so zutreffend in Bayern: „Nix gwiß woaß ma net!" Und außerdem wird ja immer wieder, meist vergeblich, versucht, Wunder wissenschaftlich zu erklären – da kann man sich nur wundern.

Der Haßfurter Hammel

Er ist groß, ohne Kopf und wüst anzusehen, wenn er in rasendem Tempo zwischen 11 Uhr und Mitternacht am Main durch die Gegend rennt. Meist geschieht das zur Adventszeit. Er sieht dabei niemanden und verschwindet im Dunkel der Nacht, wobei der Lärm seines Getrappels plötzlich abreißt und Totenstille eintritt.

Man weiß nicht, woher er kommt, was er will und was sein Erscheinen bedeuten soll. Er ist einfach nur da.

Das Schlitzöhrchen

Dieser Wassergeist aus Unterfranken haust in dem kleinen Flüßchen Streu bei Mellrichstadt und hat seinen Namen nach den auffallend geschlitzten Ohren.

Wer über die Streu geht oder nahe am Ufer entlangflaniert, dem kann es passieren, daß das Schlitzöhrchen wie ein wilder Teufel aus den Fluten herausfährt und den Entsetzten ins Wasser zieht. Dort wird man von der boshaften Wassernixe günstigstenfalls kräftig untergetaucht, daß einem die Luft wegbleibt und man fast erstickt. Wenn man Pech hat, wird man sogar ersäuft. Schon mancher soll durch das Schlitzöhrchen sein Leben verloren haben.

Bayrische Wassernixen – weibliche oder männliche, manchmal sind sie auch geschlechtslos – bringen meist Unglück. Sie liegen ständig auf der Lauer und locken mit ihren verführerischen Rufen besonders gern Erwachsene und Kinder des ihnen entgegengesetzten Geschlechts in ihre unheilvolle Umarmung, um sie zu ertränken.

Wer zu dicht am Wasser geht oder spielt, wird plötzlich von einer langfingrigen Hand mit feinen Schwimmhäuten gepackt und in die Tiefe gerissen. Die Schlitzöhrchen sehen wie hübsche Mädchen oder Jünglinge aus, aber mit grünlicher Haut, grünen Zähnen und blonden Haaren. Sie haben einen Fischschwanz, bisweilen aber auch Beine. Ihre Augen blicken unheimlich und blitzen abgrundtief boshaft.

In klaren Mondnächten streifen diese Wassergeister seufzend an den Ufern umher. Streifen sie dabei Bäume und Sträucher, so weisen diese später meist Verwachsungen auf.

Man erzählt sich auch, daß manche Nixen ihre Opfer mit wunderbarer Musik anlocken. Die weiblichen Wassergeister stellen besonders gerne jungen Burschen nach, die männlichen jungen Mädchen. Sie ziehen sie in die Tiefe, um aus ihnen Jugend und Schönheit zu gewinnen.

Finden die Nixen einmal keine Spender mehr, aus denen sie die heiß begehrten Eigenschaften für sich entnehmen können, so büßen sie diese ein, werden alt und häßlich und gehen schließlich daran zu Grunde.

Die Opfer bleiben meist bis zum siebten Tag verschwunden. Danach steigen die Leichen der Unglücklichen zur Wasseroberfläche hoch. Zieht man sie an Land, entdeckt man, daß sie mit einem feinen Netz umgarnt sind und in der Rechten eine Wasserlilie halten. Dies stellt zwar einen recht romantischen Dank dar, der aber, realistisch gesehen, in keinerlei Verhältnis zu dem gebrachten Opfer steht.

Die Schwarze Frau

Vor dem Tod König Ludwigs II. erschien am Unglücks-
tag nach Mitternacht in der Münchner Residenz und
gleichzeitig in der Ahnengalerie des Schlosses Schleiß-
heim die Schwarze Frau der Wittelsbacher dem dort anwe-
senden Schloßpersonal.

Dieses Wesen vereinigt, wie die Farbe zeigt, Gutes, Un-
heilvolles und Unerlöstes in sich. Vielleicht war der Geist
dereinst die Frau Herzog Ludwigs II., des Strengen, Maria
von Brabant, die von ihrem Ehemann aus Eifersucht ent-
hauptet wurde. Seit etwa 1280 zeigt sie sich immer wieder,
wie glaubwürdige Augenzeugen berichten, vor dem Tod eines Wittelsbachers.

Wenn die Schwarze Frau erscheint, breitet sich zunächst
eine eisige Stille um sie herum. Sie strahlt eine lähmende
Kälte aus und läßt den, der sie sieht, schaudernd fröstelln.
Hunde kriechen jaulend unter den Tisch oder dichter an
den Kamin. Sie schreitet in tiefschwarzem, wallendem Ge-
wand lautlos vorbei, starr vor sich hinblickend. In den Augen brennt ein dunkles Feuer. Eisschollen strahlen für dieses Nachtwesen Wärme aus, weshalb man sie manchmal
sogar Eisstücke in Händen halten sieht.

Die Schwarze Frau wartet, so erzählt man sich, seit Jahr-
hunderten auf den König der Finsternis. Hat er sich dreimal gezeigt, verdunkelt sich die Sonne, alles Leben auf Erden erlischt, und die Ewige Nacht bricht an.

Im Aschaffenburger Schloß, in der Johannisburg, erscheint ebenfalls eine Schwarze Frau, die man dort allerdings Schwarze Dame nennt. Sie muß wegen eines unbe-
herrschten Fluches umgehen. Als 1631 die Schweden in

diesem Schloß hinter einer frisch zugemauerten Türe einen verwundeten kaiserlichen Soldaten, dessen Verlobte und deren Bruder, einen katholischen Priester, entdeckten, töteten sie alle drei. Doch die junge Frau verfluchte zuletzt noch alle Mörder. Die Leichen wurden später im Schloßgarten verscharrt.

Seither geht die Schwarze Dame in diesem Gebäude um, aber gerechterweise sind auch ihre Mörder noch nicht erlöst. In manchen stillen Nächten hört man sie in dem gespenstisch erleuchteten Schloßsaal ihr wüstes Totengelage feiern.

Der Basilisk z'Memmingen

In Memmingen hauste dereinst ein leibhaftiger Basilisk, der durch seinen Blick eine ganze Familie tötete, bis er selbst durch einen Spiegel vernichtet wurde. Noch heute wissen die Memminger über ihn gut Bescheid.

Ein Basilisk stampft auf zwei bis vier krallenbewehrten Beinen einher. Er lebt in der Nähe von Gewässern. Der Kopf gleicht dem eines Hahnes, der hintere Teil des Körpers aber einer Schlange oder einem geflügelten Drachen. Aus dem kräftigen Adlerschnabel dringt ein tödlicher Atem, der Pflanzen verdorren und Vögel tot vom Himmel stürzen läßt. Speit der Basilisk Feuer, gehen Bäume und Sträucher in Flammen auf.

Basilisk bedeutet „Kleiner König", und so führt er sich auch in seinem Revier auf. Am schlimmsten wirkt der verglühende Blick des Ungeheuers. Wer ihm in die Augen sieht, fällt auf der Stelle tot um.

Ein junger Basilisk schlüpft nach sieben Jahren aus einem Ei, das von einem uralten Hahn meist auf einen Misthaufen gelegt wurde. Ausgebrütet wird es von der Fäulniswärme des Mistes, von einer Kröte, einer Eule oder einer Schlange, die alle dem Teufel zu Diensten sein müssen. Aus der lederartigen Eihülle kriecht ein entsetzliches, bösartiges Küken. Wer es in diesem Augenblick scharf ansieht, kann das noch unschädliche Monster töten. Es hat nämlich Schellen vor den Augen, bis es erwachsen ist.

Basilisken hassen Hähne und ihr Krähen. Es ist deshalb günstig, einen Hahn mit sich zu führen, wenn man in das Reich eines Basilisken eindringt. Kommen ein Basilisk und ein Wiesel zusammen, müssen beide sterben. Ruft

man den Basilisken bei seinem Namen, kann man ihn ab-
wehren.

Getötet werden kann dieses Wesen nur mit einem Spiegel. Blickt es sich nämlich selbst in seine todbringenden
Augen, geht es sofort zugrunde. Mitunter erstarrt es auch
zu Stein.

Einen derart versteinerten Basilisken sah man einst am
Haus Nr. 11 in der hinteren Gerbergasse zu Memmingen,
wo in einer Nische ein uraltes Steinbild zu sehen war, das
einen Basilisken darstellte. Das Haus wurde 1945 von
einer Bombe zerstört. Das Steinbild wurde jedoch unter
den Trümmern wiedergefunden und in das Museum der
Stadt Memmingen gebracht, wo es besichtigt werden
kann. Aber es ist Vorsicht geboten, den Basilisken anzusehen. Vielleicht wacht er doch wieder einmal auf.

Wilde Männer und Wilde Frauen

Sie hausen seit alten Zeiten in den Wäldern des Bayerischen Oberlandes und im Allgäu.

Die Wilden Männer sind größer als normale Menschen und bedeutend stärker. Sie sind launische, bösartige, sturmentfesselte Riesen mit einer Bärenkraft.

Die Wilden Frauen hingegen heißen nur so, weil sie in der Wildnis, oft in Berghöhlen, leben, aber auch ebenso wie die Menschen Angst vor dem Toben der Wilden Männer haben.

Jedes Frühjahr stampfen diese rasend vor Wut durch die Wälder, wobei sie Bäume samt den Wurzeln ausreißen, Sträucher umfegen und alles verwüsten, was sich ihnen in den Weg stellt. Sie hetzen auch die Wilden Frauen. Erreichen diese nicht rechtzeitig einen Baumstumpf mit drei eingekerbten Kreuzen, sind sie rettungslos verloren. Schaffen sie aber den Sprung auf eine solche rettende Insel, können ihnen die wüsten Unholde nichts mehr antun.

Die Wilden Männer bieten mit ihrem Pelz aus grünem Haar, der an Tannenflechten erinnert, einen unheimlichen Anblick. Sie sind ständig gereizt und streitsüchtig und tragen deshalb auch stets knorrige Keulen mit sich herum. Sie schrecken auch nicht davor zurück, liderliche Frauen und besonders gern ungetaufte Kinder zu entführen. Während sie die Frauen mißbrauchen, fressen sie die Kinderbeute mit Haut und Haar.

Ganz anders verhalten sich die Wilden Frauen. Sie sind Schutzgeister für die Wälder und die darin lebenden Tiere und Pflanzen. Die Tiere schützen sie vor den Jägern. Die Weibchen melken sie in ihren unterirdischen Ställen. Men-

schen, die sich im Wald verlaufen haben, werden von ihnen wieder auf den rechten Weg geführt.

Sie bewachen auch das Wachstum der Wald- und Feld-
pflanzen und helfen den Bauern gerne bei der Feldarbeit
und Ernte. Den Bäuerinnen gehen sie in Stall und Küche
zur Hand. Manchen verraten sie heilkundige Kräuter.
Kinder entführen sie nur, um sie bei sich aufzuziehen und
ihnen für das spätere Leben Glück mitzugeben.

Die Wilden Frauen sind große, schlanke und sehr hübsche Wesen mit langen blonden Haaren, die oft bis zu den
Fußsohlen reichen. Sie besitzen meist strahlend blaue Augen. Ihre Gesichtsfarbe zeigt eine leicht grünliche Fär-
bung. Sie tragen buntschillernde, glänzende Kleider und
gehen meist barfuß. Sie lieben den Klang von Glöckchen
und feinen Instrumenten und tanzen gerne dazu.

Obwohl die Wilden Frauen sehr anhänglich sind, so sind sie doch auch äußerst empfindlich. Sie verschwinden, wenn man ihren wahren Namen nennt, ihre Haare berührt, ihnen Kleider schenkt, in ihrer Anwesenheit flucht oder aggressiv nach ihnen schlägt. In diesen Fällen lösen sie sich sofort in Nichts auf und kehren nie wieder zurück.

Wenn man ihnen Böses antut oder ein Versprechen bricht, das man ihnen gegeben hat, können sie sogar Unglück und nicht selten den Tod bringen. Dies erfuhr einmal ein Bauer, der sie verhöhnte und sich kurz darauf den Fuß brach, infolgedessen er dann sein ganzes Leben lang hinken mußte. Ein anderer, der ein gegebenes Wort gebrochen hatte, wurde durch den Blick ihrer Augen an den Abgrund eines Berges gedrängt und stürzte in die Tiefe.

Die Wilden Frauen gehen, wie gesagt, auch zugrunde, wenn sie sich vor der Tobsucht der Wilden Männer nicht auf Baumstämme mit drei eingekerbten Kreuzen retten können. Da derzeit in bayerischen Wäldern kaum mehr von Holzfällern Baumstümpfe so markiert werden, sind die Wilden Frauen ausgestorben, während die Wilden Männer nach wie vor ihr Unheil anrichten können.

Der Schwarze Hund von Sonthofen

Hunde sind seit alters her in Bayern beliebt, soweit es sich um lebendige Viecherl handelt. Wenn einem aber ein unheimlicher, großer schwarzer Hund um Mitternacht begegnet, wie es in Sonthofen des öfteren späten Heimkehrern passiert, dann ist das eher gruselig.

Der Sonthofner Schwarze Hund taucht plötzlich lautlos hinter seinem Opfer auf, starrt es aus dunkelglühenden

Augen an und verfolgt dann den entsetzt Davoneilenden hartnäckig einige Zeit, bis er ebenso plötzlich verschwunden ist, wie er aufgetaucht war. Niemand weiß, was er bedeutet, woher er kommt und wohin er wieder geht. Nicht nur in Sonthofen zeigt sich dieses Wesen, auch in anderen Teilen Bayerns, in der Oberpfalz und im Frankenland.

Andernorts knurrt er bisweilen beim Erscheinen oder zieht rasselnd eine schwere Kette hinter sich nach. Mancher Schwarze Hund treibt durch den Blick seiner glühenden, bisweilen wagenradgroßen Augen seine vor Schreck kaum mehr ihrer Sinne mächtigen Opfer auch in die Irre oder bewacht unbeweglich einen unheilvollen Schatz.

Ein Augsburger Geisterhund soll zu Lebzeiten eine Hebamme gewesen sein, die neugeborene Kinder in des Teufels Namen taufte. Sie machte sich nach ihrem Tod durch Winseln bemerkbar. Wer neugierig aus dem Fenster sieht, dem schwillt auf einen Schlag der Kopf an.

Auf dem Giglberg bei Dachau treiben sich zur Geisterstunde gleich mehrere dieser bösartigen Kreaturen herum. Sie sind viel größer als Wölfe, und ihr feuriges, funkensprühendes Fell ist schmutzig und sehr struppig.

In Percha bei Starnberg stellt sich ab Mitternacht ein feueräugiger schwarzer Riesenpudel jedem knurrend in den Weg, der dort über die alte Würmbrücke will, was besonders für späte Zecher, die über den Steg nach Hause streben, sehr unangenehm ist, da sie große Umwege in Kauf nehmen müssen.

Es ist daher ratsam, in Zukunft in Bayern mehr auf seltsame schwarze Hunde mit feurigen Augen zu achten, besonders wenn sie einem nachts nach der zwölften Stunde auf einem einsamen Weg unvermutet gegenüberstehen.

Der Ulmer Spatz

Normalerweise sind Spatzen klein, grau und unscheinbar. Aber nicht so der Ulmer Spatz, der noch heute in aller Munde ist. Er ist golden und nicht nur für die Einheimischen eine ständige Mahnung, stets den Verstand zu gebrauchen.

Zu seiner Berühmtheit kam dieses Wesen beim Bau des Ulmer Münsters. Als damals bereits das Kirchenportal in seinen Grundfesten errichtet war, hatten Handwerker einen langen Balken in das Innere der Kirche zu bringen. Aber wie sehr sich die Arbeiter auch bemühten, es gelang ihnen nicht, den breiten Balken durch das schmale Portal zu transportieren. Immer mehr Mitarbeiter wurden auf das Problem aufmerksam, denn der Balken wurde dringend im Innern gebraucht.

Da erblickte ein Geselle zufällig einen kleinen Spatz, der mit einem Strohhalm im Schnabel durch eine schmale Maueröffnung zu seinem Nest flog. Dabei aber hielt er den Halm nicht quer, sondern der Länge nach, und schon war er in der Luke verschwunden.

Jetzt ging den Zimmerleuten ein Licht auf. Schnell packten sie ihren Balken und machten es dem Spatz nach. Sie versuchten ihn nun nicht mehr in der Quere durch das Portal zu tragen, sondern der Länge nach, und mit einem Mal ging es ganz leicht.

Wenn in Zukunft ein ähnliches Problem zu lösen war, erinnerten sich die Ulmer mit den Worten: „Geht's zua, jetz gebraucht's amol eir Spatznhirn!" an die Intelligenzleistung des kleinen Vogels.

Auch als das Münster fertig war, vergaßen die Einheimischen ihren Piepmatz nicht. Sie setzten sein goldenes Ebenbild mit einem Strohhalm im Schnabel auf das Dach des Gotteshauses. Im Herzen eines jeden Ulmers aber hat der Ulmer Spatz sein unvergängliches Denkmal für alle Zeiten.

Der Steinerne Mann zu Augsburg

Jeder weiß, daß Augsburger harte Schädel haben und ein gstandenes Wesen besitzen. Aber nur Einheimischen ist bekannt, daß es einen Augsburger gibt, der dies so eindeutig zum Ausdruck bringt, daß er gleich als Ganzer aus Stein ist.

Seit Jahr und Tag steht er unbeweglich am Unteren Graben, mit einer Mütze auf dem Kopf und einem Laib Brot unter dem Arm und wird von manchen Augsburgern mit Liebe, Bewunderung und Hochachtung angesehen. Mit diesem Steinwesen hat es folgende Bewandtnis:

Als Augsburg dereinst nach der Schlacht bei Nördlingen von kaiserlichen Truppen belagert wurde, brach in der Stadt eine große Hungersnot aus. Da hatte der Bäcker Konrad Hackher einen rettenden Einfall. Mit dem letzten Laib Brot, den er besaß, kletterte er auf die Stadtmauer, zeigte ihn mit heiterem Gesicht den Belagerern und sang dazu ein lustiges Liedchen.

Als das die Soldaten sahen, schossen sie aus Wut eine große Kugel nach ihm und trafen den armen Mann. Es wurde ihm ein Arm weggerissen, woran der Bäcker nach wenigen Tagen starb.

Die Augsburger trauerten um ihren Helden, aber gleichzeitig freuten sie sich, denn die Truppen des Kaisers gaben ihre Belagerung auf und zogen ab. Sie glaubten nämlich, nachdem sie den Laib Brot gesehen und den Bäcker dazu singen gehört hatten, daß die Augsburger noch genügend Vorräte besitzen würden und deshalb niemals ausgehungert werden könnten. Damit war Konrad Hackhers Plan gelungen.

Zur Erinnerung an ihren Retter beschlossen die Bürger nun, seine Figur in Stein hauen zu lassen und am Unteren Graben aufzustellen, wo sie noch heute als der Steinerne Mann jeden an den Mut, die Klugheit und die Heimatliebe des einfachen Bäckers erinnert.

Wie es heißt, wird die Steinfigur vor Notzeiten wie vor Kriegen, Hungersnöten oder Epidemien wieder lebendig und geht nachts, den Brotlaib schwingend und ein Lied singend, das seltsam heiter, doch zugleich unheimlich klingt, durch die Gassen der Stadt.

Drudensteine und andere seltsame Mineralien

Dabei handelt es sich um kleine, runde schwarze Steine mit einem Loch in der Mitte. Man findet sie nur in der Gegend von Kempten und bei Oberdorf in Schwaben. Sie gelten noch heute als Gegenzauber gegen das gefürchtete nächtliche Alpdrücken, das die Druden – hexenartige Wesen – bewirken.

In jedem Loch, das bei keinem echten Drudenstein fehlen darf, befand sich ursprünglich ein stiftartiger Einsatz, den man Donnerkeil oder Teufelsfinger hieß. Solange dieser in dem Loch war, besaß der Stein keine Abwehrkraft.

Erst wenn der Teufel seinen Finger herausgezogen hatte, erhielt der Stein seine wundersame Wirkung. Wer einen davon besitzt, zieht durch das Loch des Steines ein Band oder einen Riemen und hängt ihn in der Stube, an der Wiege eines Kindes oder im Pferdestall auf.

Jetzt kann die Drud weder Schlafende mehr drücken noch kleinen Kindern Beulen am Leib anhexen oder den Pferden die gefürchteten Haarverfilzungen zufügen.

Die Wissenschaftler erklären die eigenartige Abrundung der Kalksteine durch das Abreiben der Kanten und Ecken in strömendem Wasser. Der mittlere Teil, wahrscheinlich ein Belemnit, soll auf diese Weise ebenfalls herausgelöst worden sein, so daß dieses seltsame Wundergebilde entstehen konnte, das meist noch heute von den glücklichen Besitzern nicht für viel Geld verkauft wird.

Leichter als an die Drudensteine, die um so kostbarer sind, je kleiner und schwärzer sie aussehen, kommt man zu zwei anderen wundersamen Steinen, die sogar in manchen Apotheken zu haben sind.

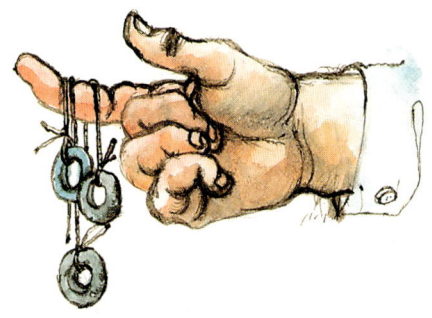

Den Milchstein verwenden manche Frauen im Kindbett als eine Art Alaun, wenn der Milchfluß zu versiegen droht. Sie streichen sich damit über Brust und Schulter, um so die Milch zu verteilen und die Produktion anzuregen.

Der Blutstein vermag Blutungen zu stillen. Wenn man etwas von ihm in ein Glas Wasser schabt und es der Wöchnerin zu trinken gibt, stellt sich bald bei ihr Besserung ein.

Ebenso wunderlich wie der Drudenstein ist auch der Weihrauchstein. Man findet ihn in alten Ameisenhäufen, wo der Ameisenkönig dieses schwarze Gebilde als Thron benutzt. Der Weihrauchstein bringt seinem Besitzer unermeßliches Glück beim Viehverkauf. Streicht er nämlich mit ihm den Tieren über den Rücken, so kann er sie um den mehrfachen Preis verkaufen.

Auch heutzutage ist der Spruch vielerorts noch gut bekannt:

Druden-, Milch-, Blut-, Weihrauchstein
sollen immer bei dir sein,
weil sie dir bei vielem nützen,
dich vor mancherlei beschützen.

Das größte Wunderwesen Bayerns – Ein Nachwort

Da die Natur Bayerns endlos viele wunderbare Tiere, Pflanzen und Landschaften hervorgebracht hat, wäre es eigentlich nicht nötig, diese bevorzugte Gegend auch noch mit so zahlreichen Wunderwesen zu bevölkern, von denen einige bekannte und wichtige in diesem Buch vorgestellt wurden.

In alten Zeiten glaubte jeder noch fest an die wahrhaftige Existenz dieser Geschöpfe der Phantasie und des Unterbewußtseins. Wer es nicht tat, wurde als nicht normal oder gar als ketzerisch angesehen.

Heutzutage werden diese Wesen oft zu leichtfertig als alberne Hirngespinste abgetan. Doch tief in jedem von uns ist noch ein Rest an Glauben verborgen, der uns zuflüstert: Am Ende gibt es sie doch, diese Nachtmahre und Tagträume der Bayern.

Für manche existiert aber ein Wunderwesen in diesem Land, das unübersehbar und bislang auch noch stark verbreitet ist und das nicht wenige für das größte im Freistaat halten: der Bayer selbst. Dieser Schlag ist etwas Einmaliges, seine Dickköpfigkeit, Schlitzorigkeit, Mimosenhaftigkeit und Urwüchsigkeit sind sprichwörtlich.

Mancher Besucher in fernen Landen, der dort erzählt, daß er aus Deutschland kommt, erntet oft nur ein ratloses Achselzucken. Seine Erklärung, er sei aus Deutschland, das in Bayern liegt, macht seine Herkunft den Einheimischen aber sofort verständlich.

Der Satz: „Wen der Herrgott liebt, den läßt er in Bayern leben", gilt für alle Wunderwesen, aber in besonderer Weise natürlich für die „Eingeborenen".

Literatur

Bausinger, Hermann (Hrsg.): Alte Bräuche, frohe Feste. Ostfildern (Kemnat) 1984

Endrös, Hermann/Weitnauer Alfred (Hrsg.): Allgäuer Sagen, 4. Aufl. Kempten 1966

Haller, Reinhard: Grünhütl – Teufelssagen aus dem Bayerischen Wald. Grafenau 1978

Haller, Reinhard: Von Druden und Hexen – Sagen aus dem Bayerischen Wald. Grafenau 1977

Kapfhammer, Günther: Bayerische Sagen. Köln 1971

Leoprechting, Karl Freiherr von: Aus dem Lechrain – Zur deutschen Sitten- und Sagenkunde. München 1855

Panzer, Friedrich: Bayerische Sagen und Bräuche. Beitrag zur deutschen Mythologie, 2 Bd. München 1848, 1855

Reger, Karl Heinz: Bayerische Schloßgespenster – Reiseführer zu den 30 unheimlichsten Spukstätten. Pfaffenhofen 1983

Reuther, Otto: Der Goggolore, Sonderausgabe. Privatdruck o.J.

Schönwerth, Franz Xaver von: Aus der Oberpfalz – Sitten und Sagen, 3. Bd. Augsburg 1869

Schöppner, Alexander: Sagenbuch der Bayerischen Lande – Aus dem Munde des Volkes, der Chronik und der Dichter. 3 Bde. München 1874

Treutwein Karl (Hrsg.): Sagen aus Mainfranken. Würzburg 1969

Stöppel - Kaleidoskop

Kleine Bücher - Großes Wissen

zum Schenken, Sammeln, Selberlesen

Bisher sind folgende Bände erschienen:

Reihe: Natur · Landschaft	**Ricard / Heilpflanzen** Band 101 ISBN 3-89306-101-0 **Bezzel / Vögel ums Haus** Band 102 ISBN 3-89306-102-9
Reihe: Persönlichkeiten	**Reiser / Tassilo III.** Band 201 ISBN 3-89306-201-7 **Goepfert / Franz von Pocci** Band 202 ISBN 3-89306-202-5
Reihe: Geschichte	**Herre / Montgelas** Band 301 ISBN 3-89306-301-3 **Buck / Gründungs-Legenden** Band 302 ISBN 3-89306-302-1
Reihe: Kunst · Literatur	**Trautner / Der Dorfschulmeister** Band 401 ISBN 3-89306-401-X **Kulot / Glasmalerei heute** Band 402 ISBN 3-89306-402-8
Reihe: Kultur · Ethik	**Heilmannseder / Almen in Oberbayern** Band 501 ISBN 3-89306-501-6 **Schweiggert / Wunderwesen** Band 502 ISBN 3-89306-502-4
Reihe: Handwerk · Technik	**Christl / Gestickte Sprüche** Band 601 ISBN 3-89306-601-2 **Stutzer / Altes Handwerk in Bayern** Band 602 ISBN 3-89306-602-0